岩波新書精选11

古代中国的文明观

——儒家·墨家·道家的论争——

[日]浅野裕一 著

高莹莹 译

新星出版社 NEW STAR PRESS

新经典文化股份有限公司
www.readinglife.com
出　品

致中国读者

隋唐时代以来，日本在约两千多年的时间里一直努力学习中国的学术、艺术、技术和文化。日本今日之发展，即仰仗中国伟大先哲长期以来的言传身教——这样说并不为过。中国，有学恩于日本。如今，借由新经典文化的翻译和出版，岩波新书来到中国读者面前，我想，这也算是对中国学恩的一点点谢意吧。

岩波新书与中国结缘已久。岩波新书创刊于1938年。前一年，日本加剧对中国的侵略，岩波书店创始人岩波茂雄对独断专行、破坏中日友好的军部感到强烈不满，遂决心创刊岩波新书。要想抵抗日益猖獗的军国主义思潮，首先必须要做的，就是实事求是地了解中国。岩波茂雄秉持着这种信念，最终选择了《奉天三十年》作为创刊的首部作品。

《奉天三十年》是19世纪末至20世纪初，在当时的沈阳努力推行医疗普及的爱尔兰教会医师克里斯蒂的回忆录。这本著作除了向读者展示了当时“满洲”发生的事情和民众的生活外，还是一本即便以今天的标准来看也颇有学术价值的著作。作为东亚的朋友，对中国人民怀有深切感情的岩波茂雄深受克里斯蒂的触动，将其回忆录翻译出版，以此开始了岩波新书的历史。

承先行者之志，岩波新书此后又出版了许多以中国历史、社会、文化、艺术为题的书籍。自创刊以来及至今日，由岩波新书发行的、以中国为主题的书籍已达140余册。我们对于中国的关注和热情从未衰减，对于岩波新书而言，“中国”已成为身边不可忽视的存在。

那么何谓“新书”呢？或许有必要向中国读者再次进行说明，因为新书是诞生于日本的独特出版物。

新书最大的特点是它“小而紧凑”。在字数上，新书大约在十万日文字左右。标题简练，通俗易懂。若是部头过大，则十分难读；若部头过小，则不能尽兴。而取其中庸的新书正符合日本人喜爱轻快节奏的心性。日本人就是喜欢新书这类书籍的人。

据说，目前日本已经出版了一百多种可称为“新书”的书籍。除岩波新书外，中公新书、讲谈社现代新书、筑摩新书、集英社新书、光文社新书等，以出版社冠名的新书种类数不胜数。各大出版社相互竞争，每月合计发售数十本新书。诸位读者日后来日本旅游时，也可顺路看看日本的书店。日本的书店会有一个“新书区域”，在这个区域，你会看到如同百花齐放般热闹的景象。

在百花齐放的新书领域，岩波新书是第一个在日本发行新书的老字号。创刊八十年以来，我们时时刻刻在满足着日本读者的求知欲和好奇心。岩波新书的一大特色就是其内容的可信度高。

我们在各个领域拥有最权威的学者、编辑和作家，产出了许多可称为名著的作品。在岩波新书出版著作是一件很有荣誉的事，这已经是日本各界达成的共识。

岩波新书擅长的领域是学术和纪实。畅游在学术世界里的学者为将思考和研究成果凝聚成一本小小册子而倾注心血，执笔著述。行走在“真实”世界中的新闻工作者则冷眼审视时代变迁和社会动向，以锋利的笔触向世人传递信息。无论在哪一领域，以满腔热血活跃在第一线，这就是岩波新书。

日本有一个词叫“修养新书”，这也可以说是岩波新书的代名词。读者可以在书中养性修身，进而构筑一个美好社会和世界，这便是岩波新书的目标。不止步于获取知识，而是将获取的知识与自我的生活、生命相连接，所谓“修养”就在于此。将更多的“修养新书”带到这个世界，这就是我们岩波新书的使命和理想。

此次经新经典文化发行的岩波新书，是我们从出版的 3 200 本书中严格挑选出来的。无论哪一本，都是了解日本历史、文化、社会的绝佳之作，对此我们深信不疑。

最后，我想向中国读者，以及从中牵线搭桥的新经典文化主编杨晓燕女士和各位翻译、校阅的老师致以深深的谢意。已经捧得本书的读者，希望这本书能够成为你美好的人生伴侣。

岩波新书主编　永沼浩一

2018 年 8 月

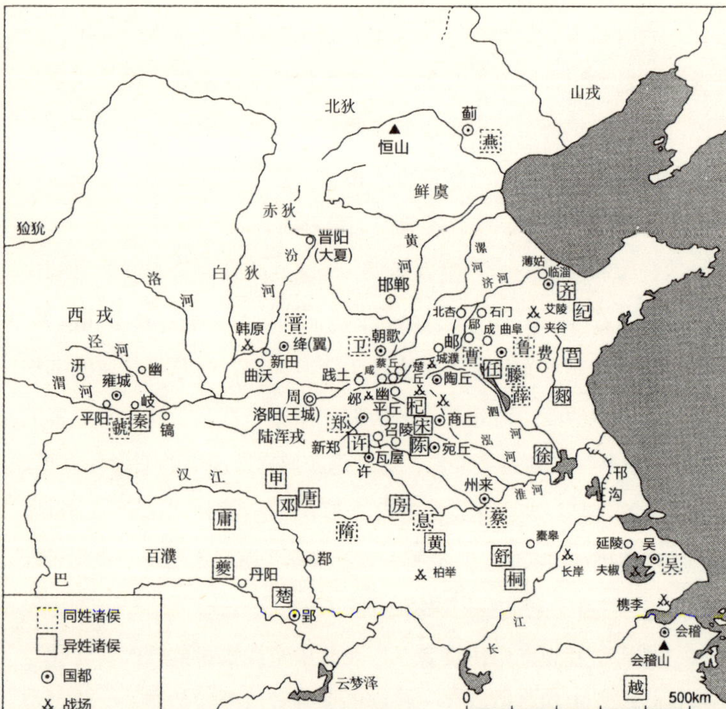

春秋时期草图

转自浅野裕一《诸子百家》（讲谈社学术文库，2004 年）

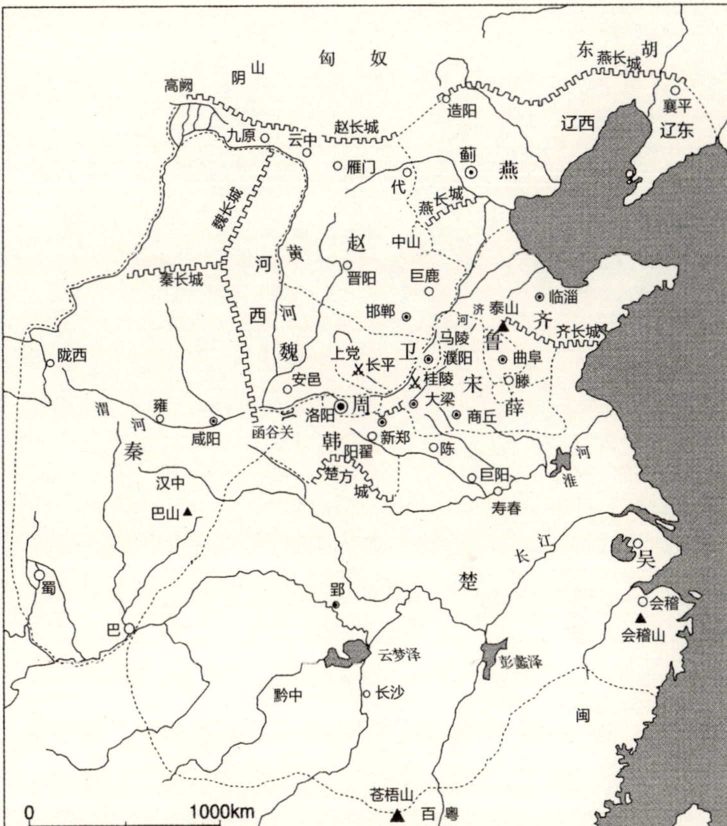

匈 奴
阴 山
高阙
东 胡
燕长城
襄平
辽西
辽东
造阳
赵长城
九原
云中
雁门
蓟
燕
代
燕长城
魏长城
赵
中山
河
黄
晋阳
巨鹿
秦长城
西
河
邯郸
临淄
泰山
济
河
齐
齐长城
马陵
鲁
魏
卫
濮阳
曲阜
陇西
上党
长平
桂陵
宋
滕
安邑
周
洛阳
大梁
薛
商丘
渭
河
雍
咸阳
函谷关
新郑
秦
韩
阳翟
陈
河
淮
楚方城
巨阳
寿春
汉中
巴山
长
江
吴
楚
蜀
郢
会稽
会稽山
巴
云梦泽
彭蠡泽
黔中
长沙
闽
苍梧山
百 粤
0
1000km

战国时期草图

目 录

图版一览

序　言

第一章

第二章

第三章

第四章

第五章

结　语

序　言

现代的环境问题，是在现代文明的急剧发展与文明圈的急速扩大破坏了自然的生态体系，进而有可能威胁到人类生存这样一种令人担忧的语境中叙述的。文明与自然在这里被描绘成对立的格局，但与之相似的格局早在两千几百年前的古代中国就有许多思想家提到了。为何？因为被称作黄河文明的古代中国文明是以对黄河流域自然环境的惊人破坏为代价形成的，这引起了思想家们心中对文明与人类未来的不安。

一、黄河文明与自然破坏

在黄河流域，以新石器时代龙山文化为代表，公元前 2500 年到公元前 2000 年之间已经出现了被巨大城墙包围着的城市群。公元前 2000 年龙山文化衰落时，随着取而代之的青铜器文化的发展，二里头文化开始繁荣，一直持续到公元前 1600 年。有人推测二里头文化时期与禹王开创的夏朝相当。

夏朝国祚持续了近 500 年，于公元前 1600 年为殷汤王所灭。殷朝时期，黄河流域覆盖着郁郁葱葱的森林，原野上有大象、犀牛、牛、马、老虎、鹿等大型哺乳类动物生息，河流和四处的湖泊上有无数的水鸟在飞舞。

然而为了建设巨大的城市和坟墓，同时为了制造美丽的青铜器（图1、2），大量的树木被砍伐作材料或燃料，森林急剧减少。原来的野生动物也因为森林的减少和滥捕滥杀，数量逐渐减少。文明发展开始对自然造成真正的破坏。

殷朝绵延约500年，于公元前1100年为周武王（图3）所

图1 大象形状的青铜器

灭。周王朝的首都曾设在镐京（今天的西安），但公元前771年受到西方异族犬戎的攻击，于公元前770年迁都到东边的洛邑（今天的洛阳）。迁都以前称为西周，迁都以后称为东周。东周又分为两部分：公元前770年至公元前403年为春秋时期，公元前403年至秦朝再次统一中国的公元前221年为战国时期。

图2 犀牛形状的青铜器

图3 前往讨伐殷的周武王

二、城市国家的建设

原本古代中国的国家是以被城墙包围起来的城市国家为原

型的（图 4）。汉字“國”取代“邦”表示国家，其中包含了武器“戈”。这一字形表示，“國”是为预防外敌入侵而用“戈”守卫的领域。“国”字最初没有国字框，而是以“口”表示其是被城墙包围起来的城市，之后才增加了国字框，成为“國”，其字形更强调城墙的存在。周王朝以后，各地都在建设巨大城市，其数量从春秋到战国时期以日新月异之势增长。

图 4 被城墙包围起来的城市

城墙最初只有一个，但是出于加强防御的必要，国家的首都或重要的城市逐渐建造起外城与内城的双重结构。在首都，外城与内城之间一般是居民区或市场，内城内侧是君主处理政务的宫殿和祭祀君主祖先的宗庙。与外部相通的四个大门处设有看门人，严密监视人们的进出。城市的最大特征是人口、物资、知识、文化高度集中。因此，城市是文明的基点，城市建设与文字的使用是促进文明发展的车轮。由于城市建设与文字的使用几乎只有汉人才能做到，所以汉人通过在以城市为基点的阵地战中取得胜利，逐渐将不能进行城市建设的异民族赶出了中原（黄河流域）。

三、流域的沙漠化与诸子百家的文明观

春秋、战国时代也是周天子统治力衰退、诸侯混战的乱世。于是，各国想方设法增强国力和军备。这更加促进了对森林的砍伐，原野也被逐个开发成生产粮食谷物的耕地。野生动物得以生息的环境自然也迅速消失。巨大城市文明的发展使自然因开发而受到破坏，黄河流域变成了一个黄土裸露、尘土飞扬的干燥地带。这一负面遗产在两千年以后的今天仍然以各种形式——如流沙或保水力减少带来的沙漠化、降雨量减少、洪水多发、表土流失等——困扰着现代中国。

在此举几个比较典型的事例以思考文明与自然的关系。最早面对并亲身体验了古代文明急速发展与自然完全遭到破坏这一问题的春秋、战国时期的思想家们，自然从各种角度积累了对这一问题的思索。在与现代相似的状况中积攒起来的他们的思索，在我们考虑现代的环境问题时，能带来什么启示呢？

四、本书的构成

本书第一章讨论的是太古时代的环境问题。人类如何在压倒性的自然威胁中生存下去，是当时的环境问题。因为如若不从这一点出发，就没法充分理解文明对于人类具有何种魅力。

第二章追溯残留在古代文献中的一些有关文明出现的细微的记忆。文明作为黑暗混沌中出现的光明而受到人们的欢迎，但建造巨大的文明，需要城市建设与文字的发明。本章聚焦于文字的发明，阐述面对以文字发明为象征的文明的发展，不只有人举双手称赞，认为其使用让世界变得明晰而有秩序，还有人将其看作对自然敬畏之心的丧失，并对文明的前途表示担忧。

第三章讲述的是重视礼的儒教的文化构成。儒家所说的礼之本质在于身份的贵贱、高低与装饰之多寡成比例，由此固化身份差距，以维持社会秩序。所以在儒家理想的礼教世界中，在华美装饰包裹下生活的人构成了社会的上流。故儒家的立场乃积极肯定富裕之消费，全面歌颂文明之发展。因此，儒家对于自然与文明的关系一直报以乐观态度，认为自然界能够提供充足的资源以维持文明社会之所需。

第四章写的是与儒家对立的墨家思想。墨家担心自然界能够提供给人类的资源总量不足以维持文明社会。故墨家主张人类没有将资源浪费在装饰上的余力，若不勤勉劳动，实行彻底的节约，人类将无法维持文明社会。也就是说墨家追求的文明社会是自我控制物质欲望、极力压制资源消费的社会。

第五章写的是对文明本身持批判态度的道家思想。老子、庄子等道家思想家对过于相信人为的可能性，对世人随心所欲发展文明的行为提出警告，倡导改变价值观，从重视物质繁荣转为注重精神富裕。在这一章，我还将从诸子百家中除儒家、墨家、道家以外选择几位与文明观相关的思想家进行介绍。虽然其在内容上或与文明观的关系稍浅，或者资料欠缺，鲜有正面解释，但作为一种想法依然有其有趣的一面，所以简单做一介绍。

从思想史来看，儒家、墨家、道家形成于公元前5世纪的春秋末期，经过战国时期（公元前403—前221），墨家于秦朝成立后消亡，道家也从未对中国的政治、社会的存在方式产生决定性影响。最后，在此之后的中国，儒教真正发挥了中华文明支柱的作用。不过本书打算与这种思想史的视角保持一定距离，把儒家、墨家、道家放在同一条水平线上，以比较三者的文明观。

第一章　文明以前的环境问题

——弱小的人类是如何生存下来的

一、压倒性的自然威胁

就像我在本书开头阐述的那样，现代的环境问题是在这样一种语境下被谈论的：现代文明的急剧发展与文明圈的迅速扩大，破坏了自然的生态体系，甚至被怀疑会威胁到人类自身的生存。这是以文明的一方，也就是人类一方对自然具有压倒性优势为前提的。然而太古时代的环境问题与此完全不同。战国末期的法家思想家韩非子曾这样记述：

> 上古之世，人民少而禽兽众，人民不胜禽兽虫蛇。有圣人作，构木为巢以避群害，而民悦之，使王天下，号曰有巢氏。民食果蓏蚌蛤，腥臊恶臭而伤害腹胃，民多疾病。有圣人作，钻燧取火以化腥臊，而民说之，使王天下，号之曰燧人氏。中古之世，天下大水，而鲧、禹决渎。（《韩非子·五蠹篇》）

图 5　指导盖屋的有巢氏

上古时代，人类被有着压倒性数量优势的野兽包围，战战兢兢地生活，是非常弱小的存在。不是被老虎、豹子袭击，就是被蝎子蜇、被毒蛇咬，很多人因此丧命，人们也不知该如何逃离这些威胁。这时候出现了一位圣人，他教给人们用砍伐下来的树木搭建住处的方法，以防止野兽的袭击和毒虫的入侵；人们因此很爱戴他，推举他来治理天下，称他为有巢氏（图 5）。

当时人们吃的是野生的瓜果和蚌蛤，腥臊腐臭，伤害肠胃，许多人得了疾病。这时候又出现了一位圣人，他发明钻木取火的方法烧烤食物，除掉腥臊臭味；人们因而很爱戴他，推举他治理天下，称他为燧人氏（图 6）。

到了中古时代，天下洪水泛滥，鲧和他的儿子禹先后负责疏通河道，排洪治灾。

韩非子记录了太古时代人类面对凶猛的自然充满畏惧、艰难生存的样子。这是从太古时代延绵至今的往昔记忆，还是战国时代的人目睹未开化之人生活的样子而对自己祖先生活做的想当然的推测，目前还无法确定。

图6 教授火的使用方法的燧人氏

不管怎么说，旧石器时代和中石器时代人们的生活应该与此相差无几。巢居与火的发明使人类脱离了原始的黑暗，开始对抗自然的威胁并开创文明，具有里程碑式的意义。

二、“圣人”创造文明

有意思的一点是，大家把创造出文明的人歌颂为“圣人”。若依此言，所谓圣人，指的是教导人类克服自然威胁、建筑文明社会并过上更加富裕和安全生活的人。1911 年辛亥革命以前的中国是一个被“圣人病”笼罩的世界，知识分子张口就是圣人如何如何。这一现象反映了中国人对自己建造起来的文明社会抱有何等强烈的自负以及热爱。

更为有趣的是把创造出文明的圣人受人民拥戴而成为治理天下之人记录下来这点。教导人类走向新的文明者，顺理成章成为君主，这一连续性，反过来讲就是统治天下的君主一定是具备创造出文明的能力（德）的圣人。由此也可以看出中国人对文明所抱有的执着。在自然界压倒性的威胁中，弱小的人类该如何生存？这才是太古时代的环境问题。只有创造出解决了这一问题的文明的领导者才是伟大的圣人和王。

三、大洪水与治水事业

韩非子也提到了中古时代的洪水与治水。关于鲧与禹的治水事业，西汉武帝时代，司马迁写的《史记·五帝本纪》中曾有如下记载：

当帝尧之时，鸿水滔天，浩浩怀山襄陵，下民其忧。尧求能治水者，群臣四岳皆曰鲧可。尧曰：“鲧为人负命毁族，不可。”四岳曰：“等之未有贤于鲧者，愿帝试之。”于是尧听四岳，用鲧治水。九年而水不息，功用不成。（中略）舜登用，摄行天子之政，巡狩。行视鲧之治水无状，乃殛鲧于羽山以死。天下皆以舜之诛为是。于是舜举鲧子禹，而使续鲧之业。（《夏本纪》）

当尧帝在位的时候，洪水滔天，浩浩荡荡，包围了高山，漫上了丘陵，下民都为此非常忧愁。尧寻找能治理洪水的人，四岳群臣都说鲧可以。尧说：“鲧这个人违背天命，毁败同族，用不得。”四岳都说：“比较起来，众大臣还没有谁比他更强，希望您让他试试。”于是尧听从了四岳的建议，任用鲧治理洪水。九年时间过去，洪水仍然泛滥不息，治水没有取得成效。这时尧帝寻找继承帝位的人，又得到了舜。舜被举用，代行天子的政务，到四方巡视。舜在巡视途中，看到鲧治理洪水干得不成样子，就把他流放到羽山，结果鲧就死在那里。天下人都认为舜对鲧的惩罚是正确的。舜又举用了鲧的儿子禹，让他来继续他父亲鲧治水的事业。

四、禹的治水传说

图7 尧

《史记·夏本纪》中描述了中古时代中国遭遇大洪水的情况。尧（图7）舜时期与前面介绍的上古时代比较起来，文明获得了相当大的发展。然而人们正因为脱离了在森林和原野的狩猎生活，移居到适合农业的低湿地，才会遭受洪水的威胁。那么禹（图8）是如何治水的呢？

图8 禹

禹乃遂与益、后稷奉帝命，命诸侯百姓兴人徒以傅土，行山表木，定高山大川。禹伤先人父鲧功之不成受诛，乃劳身焦思，居外十三年，过家门不敢入。薄衣食，致孝于鬼神。卑宫室，致费于沟淢。陆行乘车，水行乘船，泥行乘橇，山行乘檋。左准绳，右规矩，载四时，以开九州岛，通九道，陂九泽，度九山。

图9 禹的治水工程

一度请辞的禹终于接受了尧的任命，与益、后稷一起着手治水。他命令四方诸侯、百姓召集人力，在山里行走，在木头上刻记号以表示山名，标志高山大川的样貌。禹为其父鲧治水无功被杀而伤怀，劳身苦思，在外十三年，几次路过自己的家门都不敢进。他衣食简朴，但对祖先神明的祭祀却丰厚尽礼。他住的地方很简陋，把节省下来的钱用于修渠挖沟等水利工程。他陆路坐马车，水路乘船，泥地用橇，走山路用屐底有齿的檋。他左手拿准绳，右手拿规矩，还带着测量四时的仪器，终于开辟了九州，疏通了九条河道，筑堤修治了九个大湖，凿通了九座大山。

此处描写了禹投身治水事业，并为之鞠躬尽瘁、奔走全国的奋斗形象（图 9）。历经十三年的艰辛，终于迎来了事业的完成。《夏本纪》是这样称赞他的成就的：

> 济河惟兖州，九河既道，雷夏既泽，雍沮会同。桑土既蚕，是降丘宅土。

济水、黄河之间的地区是九州之一 —— 兖州。黄河下游原先没有固定流向的河川，有了堤坝的疏导，于是边界不清的雷夏泽开始成为一个有相对固定边界、形态的湖泊。经常泛滥的雍水、沮水原本是流向不同的河流，经过人工疏导，形成了一条有着固定河道的河流。桑田有了水源，土地再次适宜于种桑养蚕，于是，害怕洪水而避入丘陵的民众又迁到平地居住。

这里记载的只是其中一例，《夏本纪》记录了九州岛所有人民得以定居平地的情况。从前在森林、原野里靠狩猎为生的人们转而过上农耕生活，而农业需要水，于是他们便聚集在湖泊、沼泽、河流附近，形成村庄。然而，自然形态的水泽经常泛滥，危害到人们的定居。人类在低湿地从事农业，但在能够过上安定的生活以前仍需对自然进行长期的人工改造。大禹治水的传说将古代人与自然威胁做艰苦斗争的历史寄托在大禹一个人身上，并传颂至今。

五、《容成氏》中的大禹治水事业

1994 年，上海博物馆从香港的古董市场上购入了 1200 余支战国时期的竹简。这批上博楚简中包含了被命名为《容成氏》的文献。《容成氏》记录了从太古时代到周文王、周武王时期历代王朝交替的情况，其中也提及了大禹治水的故事。

> 禹亲执畚耜，以陂明都之泽，决九河之阻，于是乎兖州、徐州始可处。禹通淮与沂，东注之海，于是乎竟州、莒州始可处也。禹乃通蒌与易，东注之海，于是乎藕州始可处也。禹乃通三江、五湖，东注之海，于是乎荆州、扬州始可处也。禹乃通伊、洛，并瀍、涧，东注之海，于是乎豫州始可处也。禹乃通泾与渭，北注之河，于是乎虘州始可处也。禹乃从汉以南为名谷五百，从汉以北为名谷五百。天下之民居奠，乃飤食。

禹亲手拿锄头，堵塞明都之泽，疏通九河。于是人们得以在兖州和徐州安居。禹疏通了淮水和沂水，将水向东引入大海。于是人们得以在竞州和莒州安居。禹疏通了浹水和易水，将水向东引入大海。于是人们得以在并州安居。禹疏通了三江五湖，将水向东引入大海。于是人们得以在荆州和扬州安居。禹疏通了伊水和洛水，合并瀍水和涧水，将水向东引入大海。于是人们得以在豫州安居。禹疏通了泾水与渭水，将水向北引入黄河。于是人们得以在雍州安居。禹为汉水以南的五百座山川河谷命名，又为汉水以北的五百座山川河谷命名。于是天下百姓得以安居饮食。

此处依然记载了禹通过治水事业，使九州岛变成人们得以乐居之土的故事。根据碳 14 等测定，包括《容成氏》在内的上博楚简写于公元前 373 年至公元前 278 年。因此《容成氏》的原著应完成于战国前期（公元前 403—前 343）。如此一来，大禹治水、开辟九州的传说应在更早之前，最晚在春秋时期应该就已存在。与有巢氏、燧人氏相同，禹也因治水有功，后来成为天下之王，建立了夏朝。教导人们走向新文明的人，依然成了君王。经过上古、进入中古以后，在与自然威胁的对抗中，为了打造更加富裕和安全的生活环境和文明社会的努力依然在继续。

第二章　文明出现的记忆

——文字的发明

古代文明出现的时候，人们把它当作黑暗中的一束光，应当是非常欢迎的。但与此同时，大概内心也充满了不安与恐惧，因为文明的迅速发展对大自然造成了威胁。文明出现的记忆是如何沉淀在古代文献中的？人类能否摆脱未开化的野蛮，建造起巨大的文明，其关键在于城市建设以及能否使用文字。本章将通过文字的发明，追溯好不容易得以留存在古代文献中的、有关文明出现时的记忆。

一、文字的发明

战国时代有一群被称为纵横家的说客。其中最有名的是提倡合纵，即东方六国联合起来对抗秦国的苏秦，以及提倡连横，即东方六国听命于秦国的张仪。据说二人皆师从于鬼谷先生，学习如何左右别人心思的辩术。有称《鬼谷子》者，记录了鬼谷先生的言论。该书序言中写道："昔仓颉作文字，鬼为之哭。"其出处乃西汉武帝时代淮南王刘安下令编纂的道家著作《淮南子》。

> 昔者仓颉作书而天雨粟，鬼夜哭；伯益作井而龙登玄云，神栖昆仑。能愈多而德愈薄。(《本经训》)

昔日仓颉发明了文字后，天降粟雨，鬼在夜里哭泣。伯益发明了井以后，龙随即登上玄云，神魂转栖昆仑。随着人类能力的增加，人之德性逐渐淡薄。

此处讲述的是文字和井这两种文明的发生。然而，仅凭此不足以理解其内容和意义，所以再来参考一下东汉学者高诱为《淮南子》作的注释。

> 仓颉始视鸟迹之文，造书契，则诈伪萌生。诈伪萌生，则去本趋末，弃耕作之业，而务锥之利，天知其将饿，故为雨粟。鬼恐为书文所劾，故夜哭也。

仓颉最初是从沾上泥的鸟的脚印得到启发而创造了文字。然而文字的发明使人类生出欺诈他人的邪念。欺诈之心一旦出现，人便舍本逐末，厌恶农耕（本）而热衷于从商业（末）中获利。上天预知这样下去人们将陷入饥荒，于是降下谷物之雨。鬼唯恐遭到文字的弹劾，于是在夜里哭泣。

> 伯益佐舜，初作井，凿地而求水。龙知将决川谷，漉陂地，恐见害，故登云而去，栖其神于昆仑之山也。

伯益辅佐舜，初次掘井，在地上凿穿洞穴而取水。龙知道人类将要改变河流的走向并疏通湖泊，因为害怕人们加害于它，于是乘云腾空而去，将其神魂移居到西方的昆仑山上。

读了高诱的解说，可以很好地理解文字的发明与谷雨、水井的发明与龙飞之间的因果关系。但是，高诱把“神”解释为龙的精神大概是错的。这句话是说，之前居住在河流、湖泊的诸多神仙，为躲避河流改道及湖泊疏浚带来的伤害而逃离中原，移居到西方的昆仑山上。

到此为止都很好理解，但最后文字的发明与鬼神哭泣之间的因果关系却难以理解。那么，得知文字发明的消息后，鬼神为何要恸哭呢?

二、鬼是什么?

要解开这一疑问，有必要从鬼神与文字两个方向展开考察。首先，所谓鬼是何物?东汉学者许慎编纂的字书《说文解字》曰:

“人所归为鬼，从人，象鬼头，鬼，阴气贼害，从厶。”如此说来，鬼是从冥界回到现实世界中的死者，“鬼头”（骷髅）、“人”和“厶”合起来就是“鬼”字。只不过甲骨文、金文的古体（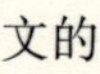）中没有“厶”，所以“厶”不是代表贼害之意的意符，而是后来加上的饰笔（厶）。那么鬼就是人披着骷髅面的象形字。

池田末利的《中国古代宗教史研究》这样解释：“所谓鬼是指戴上鬼头的人，大概在很久以前是指戴上死人的鬼头，装成死人。这就是‘鬼之为言归也’这种解释的出处。披着鬼头的人只能是死人又回来了。”可以说是一语中的了。

《墨子·明鬼下》是欲证明鬼神实际存在的一篇论文，其中墨家将鬼神分为以下三种类型。

> 子墨子曰：“古今之为鬼，非他也，有天鬼，亦有山水鬼神者，亦有人死而为鬼者。”

墨子先生说：“古往今来鬼无非以下三种类型：住在天界的鬼、住在山川湖泊的鬼和人死后变成的鬼。”

三、鬼神的代表性事例

话说回来，《明鬼下》中举出的证明鬼神存在的具体事例，基本上都是“人死而为鬼者”，也就是限于回到现实世界中的死者。以下介绍几例有代表性的事例。

> （1）周宣王杀其臣杜伯而不辜，杜伯曰：“吾君杀我而不辜，若以死者为无知则止矣；若死而有知，不出三年，必使吾君知之。”其三年，周宣王合诸侯而田于圃，田车数百乘，从数千，人满野。日中，杜伯乘白马素车，朱衣冠，执朱弓，挟朱矢，追周宣王，射之车上，中心折脊，殪车中，伏弢而死。当是之时，周人从者莫不见，远者莫不闻。

周宣王定其臣杜伯死罪，此为不白之冤。于是杜伯发誓报仇：“我的主君欲杀我，而我是无罪的。死者没有知觉则矣，假若死而有知，那么三年之内必定让我的主君知道死者的怨念。”第三年的某一天，周宣王集合诸侯，在圃田（郑国的大泽）举行规模庞大的狩猎活动，有数百辆战车、数千名仆人，漫山遍野都是狩猎的人。正午时分，杜伯乘坐由白马拉着、用白木造的车突然现身。他身穿红色的衣服，头戴朱冠，手拿朱色的弓，腋下夹着朱色的箭，追赶周宣王，在车上射箭，射中宣王的心脏，使他折断了脊骨，倒伏在弓袋之上而死。事情发生的时候，跟从的周人没有没看见的，远处的人没有没听到的。

> （2）昔者燕简公，杀其臣庄子仪而不辜，庄子仪曰：

“吾君王杀我而不辜，死人毋知亦已，死人有知，不出三年，必使吾君知之。”期年，燕将驰祖。燕之有祖，当齐之社稷，宋之有桑林，楚之有云梦也，此男女之所属而观也。日中，燕简公方将驰于祖涂。庄子仪荷朱杖而击之，殪之车上。当是时，燕人从者莫不见，远者莫不闻。

从前，燕简公杀了他的臣子庄子仪，此为不白之冤。于是庄子仪说：“我的主君欲杀我，而我是无罪的。死者没有知觉则矣，假若死而有知，那么三年之内必定让我的主君知道死者的怨念。”一年后，恰逢燕国主君为祭祀祖先前往祖庙举行仪式。燕国的祖庙祭与齐国的社稷祭、宋国的桑林祭、楚国的云梦祭相同，规模盛大，聚集了大批男男女女前往观看。正午时分，燕简公正乘车在通往祖庙的参道上疾驰，这时庄子仪出现了，他手拿朱色木杖将简公打死，简公倒在车上。事情发生的时候，跟从的燕人没有没看见的，远处的人没有没听到的。

（3）昔者宋文君鲍之时，有臣曰祝观辜，固尝从事于厉，祩子杖揖出，与言曰：“观辜，是何圭璧之不满度量？酒醴粢盛之不净洁也？牺牲之不全肥？春秋冬夏选失时？岂女为之与？意鲍为之与？”观辜曰：“鲍幼弱在荷襁之中，鲍何与识焉？官臣观辜特为之。”祩子举揖而槀之，殪之坛上。当是时，宋人从者莫不见，远者莫不闻。

从前宋文君鲍在位之时，有个臣子叫祝观辜，曾在祠庙从事祭祀，有一次他到神祠里去，厉神附在袾子（巫祝）的身上，对他说："观辜，为什么珪璧达不到礼制要求的规格？酒醴粢盛不洁净？用作牺牲的牛羊不纯色不肥壮？春秋冬夏的祭献不按时？这是你干的呢，还是鲍干的呢？"观辜说："鲍还幼小，在襁褓之中，鲍怎么会知道呢？是我执事之官观辜单独地这样做的。"祝史举起木杖敲打他，把他打死在祭坛上。事情发生的时候，跟从的宋人没有没看见的，远处的人没有没听到的。

（4）昔者齐庄君之臣，有所谓王里国、中里徼者，此二子者，讼三年而狱不断。齐君由谦杀之，恐不辜，犹谦释之恐失有罪，乃使二人共一羊，盟齐之神社，二子许诺。于是泏洫，刭羊而漉其血，读王里国之辞既已终矣，读中里徼之辞未半也，羊起而触之，折其脚，祧神之而槀之。殪之盟所。当是时，齐人从者莫不见，远者莫不闻。

从前齐庄君的臣子中，有称作王里国、中里徼的两个人。这两人争讼三年，狱官不能判决。齐君想将二人都杀掉，担心杀了无罪者；想将二人都释放，又担心放过了有罪者。于是使二人供奉一头羊，在齐国的神社盟誓。二人答应了。在神前挖了一条小沟，杀羊而将血洒在里面。王里国的誓词读完了，又读中里徼的誓词，不到一半的时候，死羊跳起来顶他，把他的脚折断了，祧神跑过来打他，把他杀死在盟誓之所。事情发生的时候，跟从的齐人没有没看见的，远处的人没有没听到的。

（5）昔者郑穆公当昼日中处乎庙，有神入门而左，鸟身，素服三绝，面状正方。郑穆公见之，乃恐惧奔。神曰："无惧！帝享女明德，使予锡女寿十年有九，使若国家蕃昌，子孙茂，毋失郑。"穆公再拜稽首曰："敢问神明？"曰："予为句芒。"

从前，郑穆公大白天中午在庙堂里。有一位神进大门后往左走，他长着鸟的身子，穿着白衣戴着黑帽，脸的形状是正方形。郑穆公见了，害怕地逃走。神说："别怕！上帝欣赏你的明德，让我加赐给你十九年阳寿，并使你的国家繁荣昌盛，子孙兴旺，永延国祚。"穆公拜两拜，稽首行礼，问道："敢问尊神名氏？"神回答说："我是句芒。"

四、万人畏惧的神秘对象

在这些例子中，（1）和（2）都是无罪被处死的臣子重回人世向君王复仇的故事，这种情况下的鬼神正是死者的回归。（3）讲的是子孙祭祀已绝死者的神灵（厉鬼、恶鬼），而其恼怒祭祀之不用心，化身为袾子（巫祝）杀掉负责祭祀者的故事。虽然没有直接显现出自己的形态，但是在死者变成了鬼神这一点上是没有什么变化的。（4）是与民事诉讼相关的故事。祭祀于齐国国社的祧神在祭祀之地杀死了说假誓的奸人。这种情况下的鬼神依然是死者的回归。（5）的情况稍微特殊，讲的是降临凡间的天帝使者，是相当于“天鬼”的鬼神。

《墨子·明鬼下》中出现了各种鬼神，或是死者回归，或是依附在灵媒上的无形的死者之灵，或是与死者暂时分开的有形或无形的神灵等，力陈“故鬼神之明，不可为幽间广泽、山林深谷，鬼神之明必知之。鬼神之罚，不可为富贵众强、勇力强武、坚甲利兵，鬼神之罚必胜之”。诚如其所言，它们拥有超越人类智慧的威力，乃万人畏惧的神秘对象。

五、不确定性与咒术性 —— 声音语言的特点

接下来让我们把话题转移到文字方面。与声音语言进行对比，就能凸显出文字语言的特点。

汉字的“言”本身不带有其他任何特别的价值判断。说或者讲这种行为以价值而言原本是中立的。然而“信”和“诚”则陡然带有价值评判，乃五常之一，顺理成章升格为德目。信是指某人的发言可以通过其实际行动和结果来证明。言行一致才会生信。诚是指真心与发言一致。当某种言辞发自其真诚的

心情时，自然会得到较高的评价。

无论何时，只要中立之言与行为、真情一致，自然就上升为德目。也就是说，即便言本身是中立的，但正如有“巧言乱德”（《论语·卫灵公》）、“巧言令色，鲜矣仁”（《论语·学而》）、“多言数穷”（《老子》第五章）、“知者不言，言者不知”（《老子》第五十六章）等劝人寡言的词语，上述现象恰恰从反面表现出对言语的不信任感。要说为什么，因为若只涉及语言，说什么都是可能的。但若行为与真心不匹配，基本可以认为声音语言中一定存在难以贸然信任的不确定性。

声音语言的另外一个特点是咒、诅、祝等文字所表达的咒术性。那么为何语言能发挥诅咒的效力呢？这方面思考的前提是天地万物都由气构成这一世界观。（《国语·周语下》）

> 夫天地成而聚于高，归物于下。疏为川谷，以导其气。陂塘污庳，以钟其美。是故聚不弛崩，而物有所归。气不沉滞，而亦不散。

天地演化，高处形成山丘，低处形成沼泽。开通出江河、谷地来宣导地气。蓄聚为湖泊、洼地来滋润生长。所以气聚于大地而不会一下子流散，万物各居其所。地气不沉滞郁积，也不散乱。

在这里，世界被理解为气的离合聚散。在此基础上，做出河流和山谷是气往来于天地间的通道、湖泊和沼泽能够贮存水气的解释。这样，只要保证了流通路径和贮存场所，一度升到天界和高山之巅的气，也会在川谷的引导下再次回归大地，而不会只停留在顶上。而聚集在地面的大量的水气，则因贮存于一处而不会喷涌出来或消散殆尽。这个气正如形容蒸汽上升的象形文字“气”一样，原本指的是水蒸气，但如果“聚于高”处的天或山岳上，就变成《说文解字》所解释的“云气”；降到地面，由川谷“导其气”并贮存于湖泊沼泽时就变成水气。

与此同时，气从其原意上来说，当然包含有人类呼吸时候的气息之意。因此正如“气在口为言”（《国语·周语下》）所说，同样是从口中说出的语言又可以被理解为气的一种。因此，若诅咒他人，其咒语即成为憎恶的心气而上达天上诸神，让天神降祸祟于对方。还有把乐器用于咒术的情况，这种情况下，比起打击乐器和弦乐器等，能把体内气息直接输送到外面的管乐器更有效。这也是在施咒术的时候普遍吹奏笛子的原因。

就这样，在以气为媒介的感应思想的前提下，声音语言保持了其咒术性。并且这种咒术性质赋予了声音语言在特定人际关系方面的个别特殊性、转瞬即逝性、传达范围有限的局限性等特性。

六、从确定性与普遍性到统治技术 —— 文字语言的特色

那么相对而言，文字语言拥有哪些特性呢？与声音语言不

同，通过文字记录下来的文章，允许人反复解读、彻底搞清楚文本的意义内容。另外，文章一旦写成，就留下了不可撼动的证据，交到别人手上之后更不可能取消了。因此文字语言与声音语言相比，其确定性得到了大幅度的提高。

话说回来，即便是文本，与声音语言相同，其内容究竟是否与作者的本意一致，或者说其行为能否通过结果来印证，都是无法保证的。但是，因为具有上述特点，文字语言不能像声音语言那样回避责任，比如称那时没有那么说过，或者完全不记得说过这种话，等等。至少在这方面的确定性的确是提高了。这也是人之所以交换合同的原因。

再者，声音语言无法避免因声音到达的范围有限且转瞬即逝、无法保存等在时空两方面的局限性。与之相反，文字的记录，只要通过文件流传，其意思和内容无论多远都能准确无误地传达到，甚至还有可能不朽，正是所谓“书其事于竹帛，镂之金石，琢之盘盂，传遗后世子孙”（《墨子·天志中》）。话说回来，因为有这些特性，文字语言几乎不可能有以气为媒介的感应，其咒术作用自然极端低下。因此与声音语言相比较，文字语言便获得了超越时空的普遍性。于是君主利用这一特点，将其作为强制臣子、官僚言行一致的手段，设计出形名参同术等。如前所言，因声音语言包含了种种不确定性，仅凭此难以统御群臣百官。因此，他们的发言、申告等无一不被书面化，形成无可辩驳的证据，君主可以在此基础上对照实际的结果和业绩，再参照成文的法律条文，最后决定赏罚。

正如这一事例所示，文字的记录与制作作为统治方法发挥了极大的作用。因此在国内统治优劣决定国家兴亡的春秋战国时期，文字记录与官僚制的发展相结合，无论质量还是数量皆不断提升。历史记录、户籍台账、征税台账、法律、裁判记录、事业报告书之类自不用说，甚至连官府、国库的物品都要逐一登记在册，出现了一个一切事物都要接受文本化管理的时代。

七、基于语言的命名与分类

当然，这个时代对语言的要求无非是简洁性、准确性和普遍性等社会功能。接下来我将以万物的命名为中心，论述对语言社会功能的思考。

> 黄帝能成命百物，以明民共财。(《国语·鲁语上》)

黄帝为万物命名，以此引导民众走向文明，协力生产财富。

> (力墨)曰："天地已成，而民生，逆顺无纪，德虐无刑，静作无时，先后无名。今吾欲得逆顺之纪，德虐之刑，静作之时，先后之名，以为天下正，因而勒之，为之若何？"

图 10 与蚩尤打仗的黄帝军队

黄帝曰："（中略）阴阳未定，吾未有名。今始判为二，分为阴阳，离为四时。（中略）行法循道，是为牝牡，牝牡相求，会刚与柔。柔刚相成，牝牡若形。下会于地，上会于天。"（长沙马王堆汉墓出土《十六经·观》）

（臣下力墨）问（黄帝）："虽然大自然已经形成，人类也已诞生，但尚未有悖逆与顺从的规范、奖赏与惩罚的标准、劳作和休息的时间、高贵与卑贱的名分。现在我想得到悖逆与顺从的规范、奖赏与惩罚的标准、劳作和休息的时间、高贵与卑贱的名分，使之成为矫正天下的范式，并以此规范人们的行为，该怎么做才好呢？"黄帝答曰："（中略）世界混沌，阴阳之别尚未确定，故我至今尚未能为之命名。现在天地既分，阴阳有别，分为春夏秋冬。（中略）取法自然，遵行天道，这便是阴阳的全部道理。阴阳结合，刚柔并济。刚柔相辅相成，阴阳融会贯通。阴气向下汇聚于地，阳气向上汇聚于天。”

黄帝（图 10）是传说中最古老的帝王。众多的传承都称黄帝为文明之创始者。这是因为拥有四面八眼的黄帝足不出户便能知晓四方八隅之事，他给万物命名，使万象形成常规，把充满恐怖的混沌黑暗的世界改造为人类能够安心经营社会生活的、有条理的世界。

也就是说，以语言为媒介进行的命名与分类迅速使世界得到了区分，拥有了秩序，变得明晰，且其意义已为世人所了解，正是所谓“无名为万物之始，有名为万物之母”。（马王堆汉墓帛书《老子》第一章）

八、文明发展的旗手，社会秩序的宪兵

如上所述，要求语言的实在、严谨和明确，试图以社会性功能为中心把握语言的本质，是战国时期思想家所表现出来的一般倾向。发明形名参同术的申不害称赞了名的严谨、客观和普遍：“天地之纲，圣人之符；张天地之纲，用圣人之符，则万物之情，无所逃之矣”（《群书治要》第三十六卷引《申子》），盛赞其政治功能：“以其名听之，以其名视之，以其名命之”（同

上），如此“无事而天下自极也”（同上）。

另一方面，名家之雄公孙龙主张严格区分认识的位相，确立名、实之间正确的对应关系：“物以物其所物而不过焉，实也。实以实其所实，不旷焉，位也。出其所位，非位；位其所位焉，正也。（中略）正其所实者，正其名也。”（《公孙龙子·名实论》）这种正名主义才是重建混乱社会秩序的措施：“夫名实，谓也。知此之非此也，知此之不在此也，则不谓也。（中略）至矣哉，古之明王，审其名实，慎其所谓。”（同上）

再有战国后期的儒家代表荀子，称“名无固宜，约之以命，约定俗成谓之宜，异于约，则谓之不宜；名无固实，约之以命实，约定俗成谓之实名”，规定名称甚至语言皆为人类订立的社会之约。如此，为了保证语言的普遍性、共同性，“共其约名以相期”（同上）、“谨守名约”（同上）之行为，即继续把语言的共同性看作社会契约的努力便成为不可或缺的要素。即便是荀子，也彻底认识到语言社会功能的存在意义。

还有阴阳家邹衍把语言、辩论的目的定义为“辩者，别殊类使不相害，序异端使不相乱，抒音通指，明其所谓，使人与知焉，不务相迷也。故胜者不失其所守，不胜者得其所求，若是，故辩可为也”（《史记集解》引刘向《别录》）。此处语言、辩论亦被当作分门别类、疏通人意、建立社会共同认识和秩序的工具。

“贤者而后知之，不可以为法，民不尽贤。故圣人为法，必使之明白易知，名正愚智遍能知之”（《商君书·定分》）、“微妙之言，上智之所难知也；今为众人法，而以上智之所难知，则民无从识之矣；（中略）微妙之言，非民务也”（《韩非子·五蠹》）等记述中表露出的语言意识，今时今日亦为时代之要求。

话说回来，声音语言已经包含了这些社会功能。然而，文字语言凭借上述特点而能够发展、强化这一倾向。主张排除私权、通过国家和社会的公共君主权力实现统一的韩非称：“古者仓颉之作书也，自环者谓之私（厶），背私谓之公。公私之相背也，乃仓颉固已知之矣。”（《韩非子·五蠹》）将圈（）起粮食、土地为己物的行为解释为私，将认为那不是个人所有物而开放围栏（）的行为解释为公，称赞文字的发明使世界得以区分。秦帝国的宰相李斯为提高官员办事以及帝国统治的效率，把字体从大篆简化、统一为小篆，并自行编纂了字书《仓颉篇》以使之普及。

文字语言就这样成为文明发展的旗手、社会秩序的宪兵。话说回来，正如“黄帝之世，始立史官，仓颉沮诵，居其职矣，（中略）仓颉作文字”（陈其荣增订《世本·作篇》）所言，仓颉是文明的创造者黄帝所任命的史官，文字作为系统叙述、记录世界的工具，正是由他亲手发明的。

九、“文”“字”“名”的原意

那么，文字在出现时就具备这种性质吗？作为探索这一问题的线索，接下来我将试着思考表示“文字”的文字，即“文”“字”“名”等字的原意。

白川静在《字统》中是这样论述“文”（）的：“卜文、金文中的字形是一个人的正面，胸部有纹样；据说这个纹样是神圣的象征，是用朱砂画的”，并进一步解释道，“丧葬时，用朱砂在胸前绘制纹样，以使尸首变得神圣”，或者“比如‘产’字表示出生时在额头（厂）画上‘×’形的、辟邪用的纹样”“在成人礼上加上‘文’就是‘彦’字；成人时，人们把这一纹样画在面部，前往庙宇祭拜，这种姿态就称为‘颜’”“凶礼时也在胸前加上‘×’形纹样以辟邪，凶、兇、匈、恟、胸等都属于这一类文字”。按照白川的解释，“文”原本就与咒术思考密切相关。

关于“字”（），白川解释道：“从宀从子，宀为家庙，指在家庙报告孩子的出生并通过这种仪式确定养育和字养之事，或指这时取的字。”按照这一解释，字是一个会意字，表示加入家族的仪式。

最后，“名”（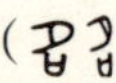）的情况如何？白川认为它的原意是：“指装盛祭肉和祝祷的器具的形状，口是装祝祷的器具。孩子满三个月后，要在家庙举行仪式并起名，这样才能成为家族的一员。”（图 11）他还说“命名要在祖灵面前进行，代表加入家族”，“名”果然也是与入族仪式相关的文字。

上文介绍了白川静《字统》中的解释。《说文解字》中的说明则与此完全不同。接下来让我们再看一看许慎的解释。

图 11 竹简中记载的古文“名”

首先关于“文”,《说文解字》中称“错画也，象交文”。按照这种说法，所谓文就是笔画交错的象形字。

关于“字”，他说：“乳也，从子，在宀下。”从这一解释完全看不出表示文字的意义。若参照许慎在《说文叙》中的说法，“仓颉之初作书也，盖依类象形，故谓之文；其后形声相益，即谓之字。文者，物象之本，字者，言孳乳而浸多也”，在许慎的想法中，仓颉最初制作的象形文字称为文，而会意字、形声字等后来逐渐增加的文字称为字。也就是说“字”的原意是母亲在房间里给孩子喂奶，后来逐渐引申为母亲诞下孩子，子孙繁衍，故而把仓颉以后增加的文字称为字。

再者，关于“名”,《说文解字》解释为：“自命也。从口，从夕。夕者，冥也。冥不相见，故以口自名。”也就是说太阳下山后，因相互看不清脸，所以由口发声，自己报上名来，是个会意字。

了解了《说文解字》的这些说明以后，我们能够注意到，许慎把语言从纠缠不清的人类的灵魂中剥离出来，对文、字、名只纯粹从语言功能的层面上去解释其原意。笔画交错是为文；形、音随时代发展而增多，是为字；因光线无法辨识形象而改为通过声音相互确认，是为名。这种解释完全看不到白川所讲的那种咒术或者宗教礼仪的要素。

究其原因，虽然也可以认为是许慎没有充分接触过殷朝的甲骨文、西周的金文、先秦的古文等比较老的字体，但很难将其看作唯一的原因。其根本原因在于他作为东汉训诂学者的语言意识，即绝对信任语言传达意义的功能，并致力于利用这一功能解读经典。另外，文字语言经过春秋、战国、秦朝、西汉时期，在单方面扩大其社会功能的同时，也不断在切断其与咒术的联系，直到许慎所在的时代。

十、文字发明后鬼神为何哭泣？

在分别探讨完鬼神与文字之后，我们终于要回到鬼神为何哭泣之谜上了。让鬼神号啕大哭的究竟是白川所解释的那种文字还是许慎所主张的那种文字呢？前者或为令尸首神圣化的辟邪纹样，或是在祖先灵前报告的名称，所以这些文字定然源自对亡灵的尊敬或畏惧。若如此，那么回到人世的死者在得知文字发明之后就不应该哭泣。

这样看来，让鬼神哭泣的就一定是后者所说的文字了。若把文字看作割裂混沌黑暗的尖兵、维持万人都能准确传达意思的有序社会的利器以及人类耀眼智能的产物，并对其功能寄予无限信任，文字与以鬼神为代表的神秘存在就形成了尖锐的敌对关系。以往凝聚了大众敬畏与尊崇之念的鬼神，遭到了诸如“今执无鬼者曰‘鬼神者固无有’”（《墨子·明鬼下》）、“先知者，不可取于鬼神”（《孙子·用间》）、“凡天道鬼神，视之不见，听之不闻，索之不得，不可以治胜败，不能制死生，故明将不法也”（《群书治要》卷三十一所引《六韬·龙韬》）之类无情的否定。

与此种风潮相抗衡，墨家想要证明鬼神的实际存在，但他们证明的手段依然是充满知性的文字与理论。《明鬼下》的最后部分写道“若使鬼神请亡”“虽使鬼神请亡”“若使鬼神请有”等，不得不反复让步，几乎后退到放弃论证的底线。需要指出的是，以文字与逻辑填补鬼神活动的神秘空间，以此坚守鬼神说，这种行为本身就潜藏着目的与手段不相符的论证破绽。墨家竭尽全力的辩护终究无法守护鬼神免受惊涛骇浪一般的文明的侵袭。

一定会被文字弹劾——这种忧虑果真应验了。觉察到其活跃舞台将一去不复返的众多鬼神，除了躲在黑夜中哭泣以外别无他法。曾经驾着战车在公众眼前疾驶、在光天化日之下复仇的鬼神的英姿，如今已成遥远过去的传说。《淮南子》中的一节，既是寄托于文中的、献给被第二次埋葬于冥界的鬼神的沉痛挽歌，同时也表现出对将神圣之物逐一驱除、不断迈进的人类智慧与文明的深切畏惧。

图12　飞龙

图13　昆仑山

十一、黄河文明的不吉之翳

腾云驾雾、于空中高翔的龙之英姿（图12）看起来非常雄壮。但如果知道了实际情况是它们被赶出河流湖泊等安居地，不得不流浪云间，这幅景象便立刻充满了哀愁。皇帝统治中国的两千年间，在衣服、住所等处装饰龙的图案是皇帝独有的特权。某种意义上，龙就是中国本身。而黄河文明甚至把龙都赶出了中原的地面。鬼神则像蟑螂一样被放逐到黑暗世界。山川诸神也一齐逃出中原，移居到神秘之山昆仑山（图13）上。

人类发明了文字，建立起巨大的城市，破坏自然，抹杀神圣之物，同时疯狂发展文明，贪得无厌地追逐商业利润，试图满足没有止境的欲望。面对这样的人类，连上天都不禁悲悯：这样下去，总有一天你们会被饿死。在古代思想家留下的关于文明出现的记忆中，深深刻下了黄河文明的不吉之翳。

第三章　儒家对文明的全面肯定

——孔子、孟子、荀子

儒教在中国有超过两千年的历史，乃居于统治地位的意识形态。从这一意义上来说，儒教可以被称为黄河文明的产物。儒教对于自然与文明的关系是如何考虑的呢？为了探索这一问题，首先让我们看看儒教的原点——孔子的活动。

一、王者的言说乃唯一权威

虽然古代中国的君主（天子）都自称为王，但尤其尊崇本王朝的开创者、初代之王，称之为王者。在各个王朝，开国之君的言论都作为先王的教诲被第二代以后的君王尊为模范。创建了唐虞氏王朝的尧（唐尧）、舜（虞舜），创建了夏王朝的禹，创建了殷王朝的汤，创建了周王朝的文王、武王等人的言论即是如此。这些先王的话甚至超越了王朝的框架，被看作中国统治阶级应遵循的为政方针。

于是，记录了古代帝王谈话内容的《诗经》《书经》成为中国所有人都认可的权威典籍，受到经典的礼遇。因此，当臣子向君主谏言或陈述己见、欲说服他人时，引用“先王之令有之曰”（《国语·周语》）、“诗亦有之曰”（同上）等《诗经》《书经》中记载的先王的话，以此装点自己的主张，就成了当时知识分子的惯用手段。

对于中国的古人来说，拥有开辟新王朝、制定新制度、创造文明、缔造太平之世等治国功绩的君主的言论才是唯一权威的教诲。因此，在春秋前期（公元前770—前649）至春秋中期（公元前648—前527）之间的时代里，完全无法想象一介没有任何权力或统治天下业绩的平民的言论能成为万人遵循的教诲。

二、孔子学派的登场

然而到了春秋后期（公元前526—前404），思想家个人召集门生形成学派，出现了学派内部尊老师的话为规范和教诲的情况。这一风潮的先驱就是孔子（公元前551—前479）在鲁国都城曲阜建立的学派。（图14）

公元前530年左右，孔子以礼学之师的名义一下召集了大批门生。古代先王在各自创建的王朝中制定了固有的礼制和音乐。但是这些古代的礼乐年代久远，早已失传、被人忘却，到了孔子的时代已经几乎没人知道其具体内容了。然而孔子宣传说他精通夏殷周三代王朝的礼乐，并完美复原了其时已不甚明了的三代礼制。于是家长们把自己的孩子送到孔子学派去学习礼乐知识，希望他们以此走上仕途。

图14 孔子及其弟子

所以说，即便是在孔子学派，学习的对象依然是先王的教诲、先王的礼乐，只是通过孔子之口来传授。老师与门生形成一个学派以后，在老师教授的先王教诲以外，门生自然还要学习老师的言论。

最后，就形成了一种先王教诲加上孔子个人学说的双重构造。也就是说，身为一介平民的孔子搭上了拥有传统权威和普遍价值的先王教诲的顺风车，并借助前者既有的权威，为自己的学说镀了一层金。因为在那个时代，古代先王的教诲是唯一的、绝对的 —— 这种观念比较顽固，而孔子学派则是这个时代里第一个由个人开办的学派，所以借助这种双重构造就成为一种时代制约之下的必然现象。

孔子悲叹周王朝衰退带来的乱世之无序，坚持恢复原有的世界秩序。然而他所提出的实现这一目的手段，是恢复所谓文王、武王、周公旦时代的礼制，也就是周王朝成立时的礼制，并称能做到这一点的只有他。因此孔子学派的招牌是礼制的学问，也就是礼学，但是礼学究竟是什么呢？

三、何为礼学

周王朝的朝廷，在规定的日子举行祭祀天地、祖先、山川神灵的仪式。另外天子即位、丧葬、诸侯使节觐见等也有相关的烦琐礼仪。人们尊这些礼仪为唯一的行动规范，并被要求严格按照其行动。只要继续服从礼法，就不允许人们按照自己的主体意见或感情随意行动。在基于身份制形成的一定形式下，人们要时刻按照自己的身份行动。因此遵守王朝礼仪，在使人们服从天子权威、牢牢维持王朝体制方面发挥了重要的作用。体制里的人、保守的人必然将尊重礼仪放在嘴上，就是这个原因。

然而，封建诸侯的力量强大起来以后，不再听从天子之命，当然也就开始无视周的王朝礼仪。尤其是有势力的诸侯在自己国家的朝廷内随意行使本应被天子独占的礼仪，将自己比作天子，不断做出僭越的行为。

王朝体制的削弱与王朝礼仪的衰退是相伴而生、互为表里的现象，于是就产生了一种只要能再次复活王朝礼仪就能阻止王朝体制衰退的想法。礼学就是为了复原逐渐丢失的古代礼制而产生的学问。

然而，这只是一种错觉。天子与诸侯之间在政治、经济、军事等领域的实力对比发生逆转才是根本原因所在，王朝礼仪的衰退只是附带的派生性现象。通过操作派生现象，试图解决根本原因，这本身就是一种本末倒置的幻想。

四、遭遇挫折的孔子王朝

但是孔子提出了复原周初礼制并以此阻止身份制度的崩溃、重回世界安宁的理想。那么周初礼制的复原是否可能？系统复原 500 年前武王的弟弟周公旦在文王、武王时代制定的周王朝的礼制是一项极为困难的工作。在诸子百家中，大肆宣传礼学的只有孔子学派，所以人们自然会认为孔子地位特殊，能够垄断礼学知识，实则不然。周王朝的礼仪，如果不是能够出席朝廷仪式从而习熟礼法的周王室或卿大夫等高级贵族，或者不是掌管仪式进行的王室直属的祝官、史官等官员，是无从得知其详细的。

特别是，系统而具体地保持了王朝礼仪的相关知识，并能解释各种礼法的渊源、意义的，只有历代负责保存、传承典礼记录的周王室的史官。然而，孔子身在远离周朝王都的鲁国乡下，且出身卑贱，别说是王朝礼仪，就连在卿大夫的家中举行的礼仪都未见得能够亲眼目睹。尽管如此，孔子却在鲁之国都曲阜陡然以礼学之师的名义召集门生，夸口自己精通夏、殷、周三代的王朝礼仪。

当然，孔子的礼学仅仅是想象的产物，他依靠自己的想象力，把东拼西凑收集来的、一知半解的知识碎片串联起来。并且孔子还着魔般地梦想在鲁国建立一个新王朝以取代周，自封为王，以便在这片土地上恢复其亲手复原的周初礼制。

孔子带着这种疯狂的梦想在各国流浪，请求各国君王采纳，但是没有一个君主理睬，他的目的也从未实现过。然而，孔子的梦想为现实世界所阻、遭受了挫折，最后变成一种怨念，在孔子的后学中广泛渗透，成为深深烙印在儒教中的荫翳。

孔子死后，子贡、子夏、子张、曾参等统称七十子的直传门生又各自召集门生，以鲁、齐、卫、魏等地区为中心继续从事思想活动。其时，在儒者的意识中有着极强烈的为孔子雪耻的复仇心，他们尊孔子为王者，宣传孔子是创建孔子王朝的圣人。

因此，他们收集、整理与礼乐相关的古代传承，不清楚的部分则掺杂进自己的想象，孜孜不倦地撰写与三代礼乐相关的文献，并用孔子传授给门生的手法，向众人展示孔子是如何精通三代礼制的。现在收录在《礼记》《大戴礼记》等书里的各个篇章，大部分是通过这种伪造工程创造出来的。

五、社会秩序的固化

通过以上介绍可以明确的是，礼学在儒教中占有格外重要的位置。儒教的礼，通过服装、车马、邸宅、器物等事物的等级来彰显身份之差，强烈显示出维持社会秩序的性质。接下来让我们看看几个例子。

> 曾子曰："晏子可谓知礼也已，恭敬之有焉。"有若曰："晏子一狐裘三十年，遣车一乘，及墓而反。国君七个，遣车七乘；大夫五个，遣车五乘。晏子焉知礼？"曾子曰："国无道，君子耻盈礼焉。国奢则示之以俭，国俭则示之以礼。（《礼记·檀弓下》）

（孔子的弟子）曾子（图 15）这样赞赏晏婴（图 16）说："晏子非常懂礼，为人谨慎。"结果，（孔子的弟子）有若（图

图15 曾子

17）却说："晏子（身为齐国大夫）一身狐皮大衣穿了三十年。（父亲葬礼时）装供品牺牲的车只有一台，埋葬结束后（也不招待出席的宾客）马上就回去了。（原本照礼之规定）一国君主的供品牺牲为七头，遣车七台，大夫的供品牺牲为五头，遣车五台。（无视礼的规定，还这么小气，）何以有晏子懂礼之说？"曾子反驳道："不管国内如何混乱，（无视这种国情）只顾自己满足礼的规定，（有政治责任的）君子皆以为耻。国家过分沉湎于奢华之时，刻意做出节俭的表率；国家过分节约的时候，（即便看起来很奢华）则应该按照礼来行事。（当时齐国流行奢华，为纠正这一风潮，晏子故意无视礼的规定，以作节俭之示范。）

晏婴是与孔子同一时代的齐国贵族，景公时曾出任宰相。因此按照礼的规定，葬父时，他应该用五辆车装载着五头牺牲，组成车队；埋葬结束后，应该热情款待出席的宾客。然而，晏婴无视这些规定，一味从俭。而且同一件外套穿了三十年，简直把吝啬发挥到了极致。

对晏婴的这种生活态度，有若批评其不懂礼节，以大夫的身份过着与下等人同样的生活，破坏了身份的秩序。有若的这种批评代表了儒教所倡导的礼，在服装、车马、邸宅、器物等方面设立了明确的等级，通过这种令身份差别一目了然的方法，显示出其固化社会秩序的性质。再举一个例子。

图16 晏婴

> 王者之制禄爵，公、侯、伯、子、男，凡五等。诸侯之上大夫卿、下大夫、上士、中士、下士，凡五等。（《礼记·王制》）

图17 有若

新王朝的创造者制定俸禄和爵位的规定，诸侯等级有公、侯、伯、子、男五等，诸侯臣子的等级有上大夫卿、下大夫、上士、中士、下士五级。

《王制》的作者认为，古代的王者把封建诸侯分为公、侯、伯、子、男五级。还给诸侯的臣子也定了五个等级——上大夫（也称之为卿）、下大夫、上士、中士、下士。问题是这段记述在多大程度上与历史事实相吻合呢？不过，至少在写作《王制》的儒者的意识中，他认为周王朝成立当时，武王与弟弟周公旦就已经制定了这样的身份制度。如"制禄爵"所言，以爵位为基准的身份差别，通过俸禄这种经济上的差别得到证实。这种等级制度如下所示。

> 天子之田方千里，公侯田方百里，伯七十里，子、男五十里。不能五十里者，不合于天子，附于诸侯，曰附庸。天子之三公之田视公侯，天子之卿视伯，天子之大夫视子男，天子之元士视附庸。（《礼记·王制》）

天子领有的田地面积方圆千里，公爵、侯爵领有的田地面积为百里，伯爵为七十里，子爵、男爵为五十里。领有田地面积未及五十里的领主，没有资格直接朝见天子，附属于诸侯而被称为附庸。辅佐天子的三公，田地以公爵、侯爵为基准，卿的田地以伯爵为准，大夫的田地以子爵、男爵为准，士的田地以附庸为准。

与此相同的等级制度，在《孟子·万章下》中也可见。当时的一里约为今天的400米，所以天子的直辖领地之"方千里"就为400平方公里。伯爵的领地更少，为28平方公里，子爵、男爵的领地为天子的1/20，是20平方公里。

领地的广狭，基本能够通过粮食收获量的多少体现出来。

图18 马王堆汉墓出土的棺椁

因此，相对于公爵、侯爵等上层诸侯，天子拥有百倍于他们的经济力量。按照周朝的军制，12 500人的兵力称为一军，规定天子拥有六军，诸侯拥有三军。葬礼规制中，埋葬天子时“天子之棺四重”(《礼记·檀弓上》)，柩由外椁和内棺（图18）合起来为四重。如“君大棺（外椁）八寸，属（外面第二层柩）六寸，椑（最里面的柩）四寸”(《礼记·丧大记》) 所言，埋葬诸侯需三重，规定“上大夫大棺八寸，属六寸；下大夫大棺六寸，属四寸”，即上大夫（卿）与大夫为二重，“士棺六寸”，士只有一个柩。这种遍及生活各个方面的等级之差，是以与身份相匹配的俸禄之差，也就是经济力量的差别为支撑的。

图19　荀子

六、纹饰的作用

孔子比较了夏、殷、周三代的王朝，“周监于二代，郁郁乎文哉，吾从周”（《论语·八佾》），给予周王朝最高的评价。他的理由在于周王朝的制度最“文”这一点。这种情况下的文，不是文字或文章的意思，而与天文学、绳文土器中的“文”意义相同，是纹样、纹饰的意思。也就是说孔子的评价基准是与夏王朝、殷王朝相较，周王朝的各项制度富于装饰性、比较美丽这一点。

同样地，战国后期的儒者荀子（图19）也这样讲述纹饰的作用：

> 为人主上者，不美、不饰之不足以一民也。（《荀子·富国》）

凡是为人君主者一定知道不华美的政策无法统一人民的价值基准。

按照礼的规定，贵族的衣服、车马、邸宅、器物等所有用品都要装饰华美，庶民则使用没有装饰性的东西，朴素地生活。如此才能彰显身份的差别，防止超越身份之差的、蛮不讲理的言行，维持社会秩序。这就是儒家不可动摇的信念。

七、否定墨家的节俭主义

但是为了建筑装饰华美的宫殿，大量消费华丽的车马、衣服、器物等，就必须持续不断地从自然界生产大量的财富。那么自然界到底能否持续提供足够的财富呢？有没有资源枯竭的可能呢？对于这种疑问，荀子回答：

> 夫天地之生万物也，固有余，足以食人矣；麻葛、茧丝、鸟兽之羽毛齿革也，固有余，足以衣人矣。夫有余不足，非天下之公患也，特墨子之私忧过计也。（《荀子·富国》）

天地长出万物，本来就绰绰有余，足以供人食用。麻，葛，丝绸，鸟兽的羽毛、牙齿、皮革的数量，原本就绰绰有余，足够人穿戴。人类能够从自然界取得的财富的量能否满足文明社会的存在，这种讨论并非人类共同担心的事，只是墨子一人瞎操心而已。

荀子认为自然界提供财富给人类这种机制，原本就是能够保障全体人类生活的。正因为如此，荀子才认为即便按照礼的规定装饰华美，也不可能出现财富不足的情况。但是，墨子却悲观地认为人类从自然界取得的财富不足，只顾实用而主张节约。荀子认为这是墨子杞人忧天，从而否定了墨家的节俭主义。

八、荀子“天人之分”的思想

正如荀子批评“墨子蔽于用而不知文”（《荀子·解蔽》）所言，如果因财富不足而实行节俭，则重视纹饰的儒家之礼就不再成立。“天地之生万物也，固有余”，荀子的这种思考可以说是对自然与文明关系的乐观主义。

荀子的乐观主义尤其明显地体现在有名的“天人之分”思想中。

> 天行有常，不为尧存，不为桀亡。应之以治则吉，逆之以乱则凶。强本而节用，则天不能贫。养备而动时，则天不能病。修道而不贰，则天不能祸。故水旱不能使之饥，寒暑不能使之疾，妖怪不能使之凶。（中略）受时与治世同，而殃祸与治世异，不可以怨天，其道然也。故明于天人之分，

则可谓至人矣。(《荀子 · 天论》)

(天体的运行、四季的轮回等)天之运行有一定的恒常性，并不因(圣人)尧治世而存在，也不因(暴君)桀治世而丧失。用对的方法应对天之运行，则会出现吉的结果，用荒唐的方法应对天之运行，就会出现凶的结果。(人们)若致力于农业而节约，天也不会使人贫困。衣食之备充分，按照季节劳作，天也不会使人生病。只要方法得当，不胡作非为，天也不会带来灾祸。所以，即便有水灾、旱灾，认真应对天之运行，人类就不会饿着或渴着。即便寒天暑地，认真应对天之运行，人类就不会生病。即便有妖怪，认真应对天之运行，人类就不会有祸事。(中略)天之运行带来的季节流转虽然完全与圣人的治世吻合，但(乱世时)发生灾害的情况却多得多。因此埋怨上天是不合理的。(天并非破坏了一定的恒常性而带来灾难，)用荒唐的方法应对天之运行，当然会有报应。因此能够认真区别天之领域与人之领域的人，才能被评价为高人。

荀子称天拥有独有的恒常性，并非人可介入而产生影响。因此无论结果是凶是吉，原因并非在天，所有的原因皆在于人类应对天的方法。正因如此，只要人们能够认真地应对天之运行，一定会有好的结果。这样，人所无法介入的天的领域就交给天，人只要在自己的领域努力就好。这是荀子考虑的天与人的关系。那么为了更好地应对天之运行，去试着解释天之构造的思考有没有得到肯定呢？

> 列星随旋，日月递炤，四时代御，阴阳大化，风雨博施，万物各得其和以生，各得其养以成，不见其事而见其功，夫是之谓神。皆知其所以成，莫知其无形，夫是之谓天。唯圣人为不求知天。（《荀子·天论》）

列星在北辰星的周围旋转，太阳与月亮交替照耀大地，四季轮流控制着节气，阴阳二气大量地化生万物，风雨普遍地施加于万物。万物各自得到了阴阳形成的和气而产生，各自得到了风雨的滋养而成长。看不见阴阳化生万物的过程而只见到它化生万物的成果，这就叫作神妙。人们都知道阴阳已经生成的万物，却没有人知道它那无形无踪的生成过程，这就叫作天。只有圣人是不致力于了解天的。

荀子认为天孕育万物的无形结构，人类是绝对无法认知的。因此，面对人类智慧无论如何都难以探索的天的结构，圣人不过是不尝试去了解，不做这种无谓的努力。天在保持不变的恒常性的同时，为文明社会的存续提供了足够的财富，因此只要不采用错误的方法应对天就可以了，完全没有必要去探求它的结构。这就是荀子的主张，可以认为是一种以对天的无限信任和乐观主义为前提的漠不关心。如果说不应将智慧用于不可知的天，那也就意味着只要一心在人的领域、做人为的努力就行了。

大天而思之，孰与物畜而制之？从天而颂之，孰与制天命而用之？望时而待之，孰与应时而使之？因物而多之，孰与骋能而化之？思物而物之，孰与理物而勿失之也？愿于物之所以生，孰与物之所以成？故错人而思天，则失万物之情。（《荀子·天论》）

与其尊崇天而思慕它，哪里比得上把天当作物一样蓄养起来而控制它呢？与其顺从天而赞美它，哪里比得上控制自然的变化规律而利用它呢？与其盼望、等待天时，哪里比得上适应天时而役使它呢？与其依顺万物的自然繁殖而求它增多，哪里比得上施展人的才能而使它按照人的需要有所变化呢？与其思慕万物而使它成为能供自己使用的物，哪里比得上管理好万物而不失掉它呢？与其寄希望于能让万物生长出来（赐予万物）的天，哪里比得上掌握万物的生长规律呢？所以放弃人的努力而只是寄希望于天，那就不能理解万物的本性，也就不能去利用它了。

在这里，荀子以彻底的口吻讲述了人为努力的必要性。面对“雩而雨，何也？”（《荀子·天论》）的质疑，荀子只淡淡地表示：“无何也，犹不雩而雨也。”（同上）无论人向上天祈求什么、许愿什么，都不会对天的恒常性有影响，上天也不会对人的祈求做出任何回应。

因此他宣称，人们对无法介入的天的领域进行各种议论，是“无用之辩，不急之察”(《荀子・天论》)，将这种无用的知识性好奇心“弃之不治”（同上），是人类正确的做法。于是，荀子主张：“君子敬其在己者，而不慕其在天者，是以日进也；小人错其在己者，而慕其在天者，是以日退也。”（同上）也就是说，君子在人的领域内努力而不向上天祈求，所以每天都会进步，而小人疏于人为的努力，不断向上天祈福，就会日渐退步。

九、财富的消耗量与人的社会地位成正比

如此，将天的事情交给上天，人只要专心于适当地应对天并生产财富，自然界自会提供足够以至于过剩的财富维持文明，即所谓“夫天地之生万物也，固有余，足以食人矣”。如果财富的绝对量能够保证充足，那么剩下的就只是分配的问题了。战国中期的儒者孟子（图20）把人分为以下几类。

> 劳心者治人，劳力者治于人。治于人者食人，治人者食于人。天下之通义也。(《孟子・滕文公上》)

从事脑力劳动的人统治他人，从事体力劳动的人被人统治。被他人统治的人（通过体力劳动生产粮食、衣服、器具）供养统治阶级，统治阶级（自己不从事体力劳动的生产活动）由从

事体力劳动的人供养。这是普天下公认的道理。

图20　孟子

这里孟子把人分为从事脑力劳动的统治阶级（贵族）和从事体力劳动的被统治阶级（庶民）。因此庶民生产的财富的分配也必须如此：统治阶级贵族消费更多的财富，所有物件都装饰华丽；被统治阶级的庶民则消费较少的财富，过一切从简的生活。只有这样才能严守礼之秩序，王朝体制才不会被动摇。

按照儒家的这种思考方法，王公、大人物的奢华、浪费就不是财富的浪费，而是维持社会秩序的装置，其意深远。消费更多财富的人成为社会的上层，负有统治人民的重责。

不能以装束、服装取人的愚蠢想法，在儒家的世界中是行不通的。衣着华丽的人一眼就能判断是厉害人物，其财富消耗量与社会地位自然形成正比。所以说，在墨子那种上至王公大人下至庶民都要节约朴素地生活、勤劳致富的说法中，统治阶级也需“上功劳苦，与百姓均事业”（《荀子·富国》）。若让荀子来说，那只不过是“役夫之道”（《荀子·王霸》），临时工的做派。

第四章　墨家倡导之节约型文明社会

——墨子

儒家的孟子、荀子把墨子看作最大的敌对势力，对墨子思想极尽口诛笔伐之能事。尤其是荀子，如前章所言，他们对墨子的经济思想进行了严厉的指责。因此本章要考察的是墨子开创的墨家思想，在此之前先扼要介绍一下墨家。

一、墨子的教育方针

墨子（图 21）为鲁国人，原名墨翟。墨子在春秋末年，约公元前 450 年左右，在鲁国开办学派，召集了大量的门生从事教育。其意图在于大量培养忠实践行墨子思想的门生（墨者），作为官员送进各国朝廷，游说诸国，以在天下实现自己的思想。

然而墨子特意制订的计划在最初之时并未能如其所愿地进行。这么说是因为聚集而来的弟子的入门动机在于从墨子处习

图 21 墨子

得学问，以便在各国做大官，并非因为对墨子的思想产生了共鸣。也就是说，为实现理想而在鲁国创设学派的墨子的意图，与为利益而入门的弟子的意图从最初开始便有分歧。正因为弟子是这么一群人，所以墨子也是煞费苦心。《墨子》中的传说类篇目（《耕柱》《贵义》《公孟》《鲁问》《公输》五篇）就描写了这种情形：不学无术、只求谋职的懒惰弟子与墨子连哄带骗试图教育弟子的辛苦情形。

既然入门弟子的意识是这种水平，那么墨子就必须面对提高门徒质量的难题。为此，他使用了向弟子们灌输鬼神信仰的方法。墨子对他们说，鬼神有知，能够看穿人类所有的行为，善行给福报，恶行给恶报，监督人的伦理行为。也就是说，墨子以鬼神的权威这种外部强制力作为教化的有效手段。原本弟子的入门动机就在于为官以追求自身利益，所以这种利益诱导对他们而言是最有效的方法。

然而，这样的教化方法虽然见效快，但若想让弟子一心向义，却存在巨大的局限。因为它依靠的是鬼神监督和利益诱导两者的组合，所以在没有达成所愿时，弟子们就会立刻对鬼神的威力和墨子的说教产生怀疑和不信任。据《墨子》传说类记载，墨子一代并未产生实质性的教化成果。

二、墨家集团的领袖 —— 钜子

从各种先秦资料中可知，墨家集团的领袖被弟子们尊称为钜子。所谓钜原本指的是曲尺，墨家转用其为万物标准的意思，以称呼他们自己的领袖。这与规矩、绳墨、权衡等物被用作客观、公正的象征是相似的。

墨子本身究竟有没有被尊称为钜子，尚无确证。不过在《墨子》中，墨子全部被表述为子墨子，可以认为是钜子墨子的简称。因此可以说自墨子时代开始，就已经存在钜子的尊称，墨子被看作第一代钜子。

战国时期的各种资料显示，在墨家集团内部，钜子拥有绝对的权威。然而，与此形成鲜明对比的是《墨子》传说类中描绘的他的样子，几乎看不出一点绝对统治者的风貌。《墨子》传说类中出场的弟子，多数没有求学意识，对墨子的训诫也没有表示尊敬，甚至有弟子多行背信弃义之事而毫无廉耻之感，当着墨子的面发表各种质疑和不信任的言论。

弟子的这些言行举止，强有力地证明了在墨子时代，钜子的绝对权威还没有树立起来。大多数弟子是出于功利性动机而入门，对此墨子无法通过钜子的绝对权威性施展教化，这也是墨子必须仰仗鬼神信仰这一简单好用的方法的原因所在。

三、墨子的思想——“十论”

墨子的思想由十项主张构成，被称为十论。其主要内容包括：一、尚贤，否定依靠血缘及门派选拔人才，主张君主应选拔贤能之士；二、尚同，上至天帝、天子，下至里长、家长，依靠各层级统治者的价值标准行动；三、兼爱，平等爱护自己和他人，不要为实现自己的利益而牺牲他人；四、非攻，不可通过侵略、合并扩张本国的领土；五、节用，戒浪费，劝节约；六、节葬，禁止浪费财富的豪华葬礼和妨碍生产活动的长时间服丧，应追求民生安定；七、天志，是天帝要求践行兼爱与非攻，人们应该遵从；八、明鬼，担心鬼神惩罚，要求停止犯罪行为；九、非乐，为政者停止浪费财富在对音乐的沉迷上，要求节约不必要的费用；十、非命，不可因相信宿命论而懈怠人为努力。

十论是否各有其目的，从《墨子·鲁问》中可知。

> 子墨子游，魏越曰：“既得见四方之君，子则将先语？”子墨子曰：“凡入国，必择务而从事焉。国家昏乱，则语之尚贤、尚同；国家贫，则语之节用、节葬；国家憙音湛湎，

则语之非乐、非命；国家淫僻无礼，则语之尊天、事鬼；国家务夺侵凌，即语之兼爱、非攻。故曰‘择务而从事焉’。”

墨子出外游历，魏越问他："如果能见各地的诸侯，您将说什么呢？"墨子说："到了一个国家，选择最重要的事情进行劝导：假如一个国家昏乱，就告诉他们尚贤尚同的道理；假如一个国家贫穷，就告诉他们节用节葬；假如一个国家喜好声乐、沉迷于酒，就告诉他们非乐非命的好处；假如一个国家荒淫、古怪、不讲究礼节，就告诉他们尊天事鬼；假如一个国家以欺侮、掠夺、侵略、凌辱别国为事，就告诉他们兼爱、非攻的益处。所以说‘选择最重要的事情进行劝导’。"

墨子告诉即将出去游说的弟子魏越，应根据各国的情况，选择游说的论点。其中包含了十论的所有内容。由此可以看到十论的主张早在墨子时代就已经形成。根据游说对象的国情，酌情区别使用十论的主张，显示出十论的最终目的是实现各个国家的安定存续。

墨子的思想，其目的在于阻止大国侵略、合并带来的周朝封建体制的破坏和许多国家灭亡的事态，在天下各国相互保全封土的同时，重建安宁共存的体制。所以十论中，兼爱与非攻思想的出发点，是控诉侵略他国和领土合并行为是针对人类的犯罪，并要求身为加害者的大国停止这一行径。另外，天志与明鬼则表明侵略与合并是为天帝与鬼神所禁止的，其出发点在于加强上述主张。

为了阻止强国的侵略与合并，墨子也要求身为被害者的小国要维持国内安定，加强防卫态势，努力让他国断了攻击的念头。主张维持国内社会秩序的尚贤与尚同、主张通过节约冗费充实国家财政的节用与节葬、主张勤勉劳动与增产财富的非乐与非命等思想就是为这些准备的。如此看来，十论整体上是一个思想体系，具有一个共同目的，即保全各国、维持封建体制。

四、墨子学派

墨子学派比孔子学派的组织性更强。《墨子·耕柱》中可见两名门生提问“为义孰为大务”一事。对此，墨子以筑墙中的分工为比喻答道：“能谈辩者谈辩，能说书者说书，能从事者从事，然后义事成也。”由此可以发现墨子学派内部分成了三部分：游说诸国、宣传墨家思想的传道班；负责在学派里整理典籍和课本、负责教育门生的讲书班；从事粮食生产、杂役、制造守城兵器和防御战斗的劳务班。一旦获得大国侵略小国的消息，墨子就率领防御部队赶赴小国，在城墙上布置好阵地以阻止侵略，所以由此可以认为负责防御战斗的一组人平日一直在进行战斗训练。除此以外，还有大量门生由学派派到各国做官，以官员的立场致力于普及墨家思想。

为了让传道班的活动变得更容易，墨子学派让在各国做官的门生发挥支部的作用。在各国做官的弟子还从其俸禄中支出资金给学派。在以朴素、节俭为宗旨的墨家学派，食物、衣服等物或许大部分是靠自给自足，但供养着众多门生，还要为实践非攻制作守城兵器等，开销是巨大的。

在传说类篇目中可以看到，鲁国的君主不时找墨子商量事情，对身在其国内的墨子学派，则以顾问报偿的形式给予大量资金援助。另外，虽然没有孔子学派那种明确的记录，但门生肯定会缴纳某种形式的入学金或学费等。仰仗墨子防卫城邑的君主们也会给予一定数目的捐款。墨子以这些钱款和来自各国门生的钱为主要财政来源，维持学派的运营。

五、战国时代的墨者

墨子创办的学派在墨子死后又是怎样开展活动的呢？《吕氏春秋·上德》中记录了战国时代的墨者情况。

公元前 381 年，时任楚悼王宰相、曾弹劾国内封建贵族并驱逐其至边境、推行加强中央集权政策的变法家吴起（图 22），以悼王去世为契机，受到贵族们蜂拥而起的报复，被射死在悼王的遗骸前。然而接下来即位的肃王以在君王遗骸前射箭为罪名，决定把参加暗杀吴起的贵族全体处死，于是成员之一的阳

图22 吴起

城君出逃。曾经与阳城君交好、受其委托防卫采邑的墨家钜子孟胜率墨家集团与前来没收领地的楚王直辖军交战，最终没能守住城墙而败退。

此时，钜子孟胜因对阳城君负有未能履行合同的责任，提议集体自裁。然而弟子徐弱谏言，如此墨者将从大地上消失，失去传人以后墨家理念也将随之消散。孟胜却说，若此时逃生，就算墨者幸存于世，墨家的信用也遗失殆尽，以后墨家的活动也会被全面封杀，所以以死谢罪才是遵守墨家信用、将墨家事业留存后世的唯一方法。他还向众人保证，宋国的田襄子此后会继续开展墨家的活动。于是徐弱撤回自己的谏言，率先自刎。两名墨者作为向宋国的田襄子报告钜子让位之事的使者踏上旅程，其他一百八十名墨者连同孟胜全体自杀。到达宋国的两名使者向田襄子传达了钜子让位的消息后，不顾田襄子的阻止返回楚国，追随众人自杀身亡。以上就是《上德》记录的事件的大概。

故事中出现的孟胜，据推测应该是继墨翟、禽滑釐之后的第三位钜子。值得注意的是墨家一百八十名成员都遵从钜子的指示肃然求死这一点。这里描绘的负责防御战斗的全体墨者在败北之后选择自杀谢罪，以坚守墨家的信用和理念，体现了炽烈的使命感。无论是孟胜劝说之后撤回异议并率先做出示范的徐弱，还是完成使者使命后返回楚国阳城自杀的两位墨者——他们考虑到哪怕只有一两个当事人还幸存亦会有损墨家信用，让同伴之死白白浪费——从他们身上都可以看到坚决遵守墨家理念的纯粹的忠诚心。

六、战国末期的墨者生态

接下来将要论述的是《庄子·天下》中记载的战国末期墨者的生态。《天下》记录了醉心于墨子理念的“后世之墨者”，衣着破烂、脚踏木屐，挺直腰板从事简直要把腿上的毛都磨断的重体力活。不仅如此，他们以这种朴素的衣着和献身性的劳动为墨者的证明并引以为豪。这种墨者的生活与意识，可以说是完全专心于墨家思想的实践，证明他们是拥有纯粹思想的信徒。

把这些情形与《墨子》传说类篇目中的内容相对比，你会惊讶于两者之间的差距之大。从孟胜指挥的一百八十名墨者集体自杀事件中，完全看不出墨子当时那些懒惰、不诚实、只重视功名利禄、自私自利的弟子的样子。这意味着从开祖墨翟到第三代钜子孟胜，墨家作为思想集团的纯粹性有了飞跃性的提高，其程度之高简直让人怀疑两者是否同为一个集团。

通过《庄子·天下》中对于甘于质朴生活、一心刻苦勤勉的"后世之墨者"的求道风貌的记载可以确定，与当初相比，墨者的意识已经变得格外激进。现在墨者通过他们自己过激的、狂风疾雨般的实践活动与超越凡俗的自我牺牲精神，发生了可以被记载在册的、巨大的质的变化。

七、钜子权威的绝对化

在战国时期的墨家集团中，随着墨者思想的激进化，钜子的权威与墨子当时相比也得到明显的加强。据《吕氏春秋·去私》记载，惠王（在位时间：公元前 337 年—公元前 311 年）治世时，生活在秦国的墨家钜子腹䵍拒绝了惠王特赦其子杀人的提议，以"墨者之法"中的"杀人者死，伤人者刑"代替秦国法律处死了自己的儿子。该"墨者之法"是基于"禁杀伤人"之"天下之大义"制定的，由此可知，当时的墨家自行制定了实践墨家思想的戒律，并在集团内严格执行。

与此同时，这份资料还告诉我们，钜子通过"墨者之法"强有力地统治集团，甚至能处死自己的儿子，掌握了对集团内成员的生杀予夺之权。

除此以外，《庄子·天下》中记载的“以巨子为圣人，皆愿为之尸，冀得为其后世”也从侧面证明钜子的权威已经在墨家集团内部获得了绝对的地位。这与当年被门生当面质疑、挑衅，苦于管理成员的墨子简直有云泥之别。

八、墨家集团的质的变化与发展

墨家集团最显著的质的变化到底是由什么带来的呢？这一变化在第三代钜子孟胜时期已形成，所以应该主要产生于第二代钜子禽滑釐时期。他是墨子特别信任的高徒，墨子死后继任为第二代钜子。《墨子》兵法诸篇（从《备城门》到《杂守》）中还记载他从墨子那里学到了守城术，代替墨子指挥防御部队，由此可知他是一个对培养防御部队、实践非攻活动倾注了热情的人。

禽滑釐作为防御战斗的中心人物继承了钜子的地位，他的领导必然会向加强对集团成员统帅力的方向发展。因为战时比日常更加强调钜子的权威，集团成员被要求奉其命令为军律，绝对服从，这一权威反过来也影响到了日常的学派生活。

《墨子·备梯》还记录了禽滑釐因重体力劳动手脚扭曲、因日晒而脸色黝黑，忠实地为墨子效力的样子。这正是《庄子·天下》所描绘的战国时期墨者的先驱，可以认为禽滑釐就任钜子后，他这种严谨的作风深深渗透到整个学派中。

这些因素再加上自墨子时代积累起来的教化与组织的完善，终于在禽滑釐时代带来了集团成员思想的纯化与钜子权威的确立。或许弟子的入门动机依然是为官以获取禄位，但一旦入门，便被火速培养起墨者的自觉，这种教化态势在这一时期已经建立起来。墨家由此一扫墨子时代的功利之风，得以真正实现与思想集团这一名称相符的成长。

随着集团成员素质的提高与钜子权威的确立，墨家的势力日渐增长。传说类四篇中记载，墨子时代的墨家活动区域以鲁国为根据地，遍及齐卫宋楚越，但完全不包括北方的燕国和西方的三晋和秦国。然而，到了战国末期，有为数众多的墨者像钜子腹䵍一样在秦国活动，也有人在中山国进行反战活动，墨家的教化扩展到整个中国，呈现出“杨朱、墨翟之言盈天下”（《孟子·滕文公》）、“孔墨之弟子徒属充满天下”（《吕氏春秋·有度》）、“世之显学，儒墨也”（《韩非子·显学》）的盛况。

九、墨家的分裂与灭亡

与儒家二分天下思想界的墨家，也随着组织的膨胀开始分裂。《庄子·天下》记载，墨家大致分为相里氏与邓陵氏两派，他们相互指责对方为“别墨”，主张自己才是正统，始终没有争出个结论。《韩非子·显学》中也记载了“自墨氏之死也，有相里氏之墨，有相夫氏之墨，有邓陵氏之墨”，又新增加了相夫氏一派，形成“墨离为三”的情况。

记载墨家分裂内情的资料今已不存，其因不明。但是可以想象，大概是在实现墨家理念的路线上存在对立，再加上集团内部围绕钜子之位的争斗和秦楚齐等强国之间的对抗关系，这些因素掺和在一起导致了这种结果。不过，尽管存在这种分裂，但作为墨家整体来看，直到战国末期，墨家与儒家并列为“世之显学”的地位没有动摇，继续保持了巨大的势力。然而，如此荣耀至极的墨家为何在秦帝国成立以后忽然从历史上消失了踪影呢？墨家如此急剧的消逝，其原因究竟为何？

虽然资料无法告诉我们其间的经过，但可以推测出个大概。公元前 221 年，秦帝国一统天下之后，废除了封建制，重新采用郡县制，天下都成为皇帝的直辖地。然而，对于这一方针，就连秦朝廷内部也存在主张恢复封建制的反对势力。于是推行郡县制的丞相李斯与秦始皇为了根绝这一动向，制定了《挟书之律》，规定民间不得私自藏书，并实行焚书。

当时被镇压的对象中自然包括了墨家思想。为什么这么说？因为墨家思想把各国在封建体制下和平共存的世界作为理想的世界，与推行郡县制的秦的法术思想从根本性质上是对立的。

如此，在以“挟书之律”为代表的镇压思想的行动开始之后，墨家要么停止一切思想活动以求明哲保身，要么就只有做好被判死罪、灭族、强制劳动的准备，坚守自己的信念，除这两者以外别无选择。从战国时期墨者对狂疾和过激行为的歌颂来看，他们很可能会以放弃思想为耻，而勇于选择后者。秦帝国成立以后，墨家集团突然失去了踪影，原因应该在此。

墨家实行钜子禅让制，维持着包括防御部队在内的牢固集团，继续在全国开展活动，正是这种集团性、组织性招来灾祸，使其被一网打尽，且受到最多的迫害。其组织一旦解体，要想开展思想活动，就需要成为有武装力量、受“墨者之法”约束、拥有治外法权的集体。另外，因为墨家总是放眼世界，具有强烈的社会性，作为个人信条几乎没有任何意义。所以汉代以后，虽然各学派皆改头换面以期复兴，但唯独墨家再未出现，从此成为绝学。

以司马迁的《史记》为首的大量汉代资料，别说钜子统帅的墨家集团了，连一个墨者都没有提及。的确，西汉武帝时代的《淮南子》等作品包含了墨家思想的要素，然而那只是从文献征引而来的、单纯作为一种知识的墨家思想。秦帝国灭亡、汉帝国成立之时，被尊称为“世之显学”“充满天下”的墨家与墨者已经从地上消失了。其间不过短短二十年不到的时间。

十、墨家的人类观

墨家就是这样消失不见的，那么他们对自然与文明之间的关系是如何思考的呢？墨家对作为自然界生物的人类是这样定性的。

> 今人固与禽兽、麋鹿、蜚鸟、贞虫异者也。今之禽兽、麋鹿、蜚鸟、贞虫，因其羽毛以为衣裘，因其蹄蚤以为绔屦，因其水草以为饮食。故唯使雄不耕稼树艺，雌亦不纺绩织纴，衣食之财固已具矣。今人与此异者也，赖其力者生，不赖其力者不生。君子不强听治，即刑政乱；贱人不强从事，即财用不足。(《墨子 · 非乐上》)

作为生物的人类与禽兽、鹿类、飞鸟、昆虫等说到底是完全不同的存在。这些禽兽、鹿、飞鸟、昆虫一类以（与生俱来的）羽和毛作为衣服，以（与生俱来的）蹄子或爪子作为裤子和鞋子，以（自然界拥有的）水和草作为茶饭。所以雄性不用特别从事农业，雌性也不用纺纱织布，衣食所必需的物品都已经在自然中准备好了。然而，人类这样不行。依靠自己劳动的人才能生存下去，不作人为努力的人就无法生存。所以统治阶级不勤于政务，治安和行政立刻就会混乱（无法维持人类社会），人民不从事生产财富的劳动，生活用品就会缺乏。

墨子指出人类作为自然界的生物，远比其他生物处于劣势。因为人类并不是生来就拥有足够让他们在自然界生存下去的装备，不管是食物还是水，都不能直接利用自然界原有的东西。

作为野生生物极度弱小的人类，除了依靠集体生活形成社会并通过人工生产获取生活物资，没有其他办法在残酷的自然环境中生存下去。

十一、提议增产实用性财富

那么，生产人类所需的财富，应该以何种形式进行？

> 圣人为政一国，一国可倍也；大之为政天下，天下可倍也。其倍之，非外取地也，因其国家去其无用之费，足以倍之。圣王为政，其发令兴事，使民用财也，无不加用而为者，是故用财不费，民德不劳，其兴利多矣。（《墨子·节用上》）

圣人在一国内为政，国家的利益可倍增；将其政治扩大至全天下，则天下的利益可倍增。圣人政治之所以可使利益倍增，绝非向本国以外扩张领土之故。依靠自己的国家，在国内取消无意义的冗费，如此即可使利益倍增。圣明之王当政，发号施令，振兴事业，使用人民与财力，不做不增加实际利益的事。如此，不无端浪费财力，不让民众的生产能力疲敝，便可在各领域重新兴利。

天下诸侯要想让本国的财富倍增，一定会采取侵略他国、扩张领土的手段。墨子对此表示反对，提出了“去其无用之费”的方法。其具体方法如下。

> 其为衣裘何？以为冬以圉寒，夏以圉暑。凡为衣裳之道，冬加温，夏加清者，芊鉏不加者去之。其为宫室何？以为冬以圉风寒，夏以圉暑雨，有盗贼加固者，芊鉏不加者去之。其为甲盾五兵何？以为以圉寇乱盗贼，若有寇乱盗贼，有甲盾五兵者胜，无者不胜。是故圣人作为甲盾五兵。凡为甲盾五兵，加轻以利、坚而难折者，芊鉏不加者去之。其为舟车何？以为车以行陵陆，舟以行川谷，以通四方之利。凡为舟车之道，加轻以利者，芊鉏不加者去之。凡其为此物也，无不加用而为者，是故用财不费，民德不劳，其兴利多矣。有去大人之好聚珠玉、鸟兽、犬马，以益衣裳、宫室、甲盾、五兵、舟车之数，于数倍乎！若则不难。（《墨子·节用上》）

制作衣服的目的是什么？冬天可以御寒，夏天可以防暑。制作所有衣服的原则都在于冬天增加温暖，夏天带来凉爽。（因此，圣人）舍弃华而不实的衣服（图23）。建造房子的目的是什么？冬天可以用来抵御大风和严寒，夏天可以用来防暑和避雨，盗贼来时可以进行防御。（因此，圣人）舍弃华而不实的房子。制造铠甲、盾牌等五类兵器的目的是什么？用以抵御入侵的敌兵、暴徒和盗贼。如果敌兵、暴徒、盗贼入侵，拥有铠甲、盾牌等

图23 彩绘衣服

五类兵器的人能够将其击退，而没有的人则无法自卫。因此古代的圣人发明、制造了铠甲、盾牌等五类兵器。制造所有铠甲、盾牌等五类兵器的原则都在于增加其轻便、锋利、坚固、不易折断等实用性。因此，华而不实的武器都被舍弃。制造舟车的目的是什么？车辆可以用来跨越山丘和田野，船只可以用来在河流溪谷中前进，（运输物资、人员）以求四方互通贸易之利。制造所有舟车的原则都在于其性能轻快，能增加通商之利。因此华而不实的舟车都被舍弃。

凡圣人制作这些器物时，不会制作无法增加人类便利的东西。因此不浪费用以制作的财物，不浪费人民的生产能力，使新的利益广泛地兴盛起来。另外，为政者放弃收集珠宝和饲养珍奇鸟兽、猎犬、骏马的爱好，用以增加有实际用处的衣服、房子、铠甲、盾牌、五类兵器、舟车等物的数量，就可以数倍于以往，绝非难事。

墨子提议通过节省无用的消费来增加实用的财富。然而虽说是节俭，但原本百姓就没有可以用来浪费的财产。这完全是对统治阶级的要求。墨家要求统治阶级在驱使人民劳动，分配生产与供给到各家各户，制作衣服、房子、武器、舟车等物时，只需一味追求实用性，去掉所有的装饰，以避免消耗国家财富或导致人民生产能力疲敝。

如此，在生产数量相同的情况下，以往消耗在装饰上的财富就会逐渐积累于国家和人民双方。统治阶级若放弃收集珠宝、鸟兽、犬马的娱乐，将其费用用于生产实用品，实用财富的数量自然就会成倍地增加。简而言之，国家财富倍增的成功与否，皆取决于统治阶级能否克制自己对奢侈和浪费的欲望。

不过，墨家所说的国家财富倍增，只不过是去掉装饰和奢侈品，使实用品的数量倍增而已，并非不问用途、令财富的绝对数量倍增。也就是说，这是从奢侈、装饰到实用性功能的质的转变，而非量本身的增加。所以虽然称之为国家财富倍增，但墨家对应该追求的国家财富总量是暗自设下了一定限度的。

十二、批评厚葬、久丧之习俗

作为节用的一环，墨子提倡节省用于葬礼的费用、缩短服丧的时间。其理由正如下文表示的，是因为古代中国的葬礼太过盛大。

> 故子墨子言曰："然则姑尝稽之。今虽毋法执厚葬久丧者言，以为事乎国家。此存乎王公大人有丧者，曰棺椁必重，葬埋必厚，衣衾必多，文绣必繁，丘陇必巨。存乎匹夫贱人死者，殆竭家室。存乎诸侯死者，虚车府，然后金玉珠玑比乎身，纶组节约，车马藏乎圹，又必多为屋幕、鼎鼓、几梴、壶滥、戈剑、羽旄、齿革，寝而埋之，满意。若送从，曰天子杀殉，众者数百，寡者数十；将军、大夫杀殉，众者数十，寡者数人。"(《墨子·节葬下》)

所以墨子说道："既然如此，那么我们姑且来考察一下（现在效法执行厚葬久丧之人的言论）。现在如果贸然听从坚持厚葬、久丧之人的说法，在全国举行葬礼，那么就会变成下面这样。也就是说，在王公大人有丧事者的家中，则说棺木必须多层，葬埋必须深厚（图 24），死者衣服必须多件，随葬的文绣必须繁富，坟墓必须高大。（这种情况）存在于匹夫贱民的家中，（则他们）也必竭尽家产。诸侯死了，使府库贮藏之财为之一空，然后将金玉珠宝装饰在死者身上，用丝棉编带束住，并把车马埋藏在圹穴中，又必定要多多准备帷幕帐幔、钟鼎、鼓、几筵、酒壶、镜子、戈、剑、羽旄、象牙、皮革，置于死者陵寝而埋掉，然后才满意。至于殉葬，天子、诸侯死后所杀的殉葬者，多的数百人，少的数十人；将军、大夫死后所杀的殉葬者，多的数十人，少的数人。”

图24 曾侯乙墓的椁室

如此处文中详细记载的那样，古代中国的葬礼极其盛大，搬运随葬品的送葬队伍几乎像要把整个宫殿都搬来一样，把巨大的财富埋入地下。接着，墨家描写了遗族长期服丧的情况。

> 处丧之法，将奈何哉？曰：“哭泣不秩，声翁，缞绖，垂涕，处倚庐，寝苫枕凷，又相率强不食而为饥，薄衣而为寒。使面目陷陬，颜色黧黑，耳目不聪明，手足不劲强，不可用也。”又曰：“上士之操丧也，必扶而能起，杖而能行，以此共三年。”若法若言，行若道，使王公大人行此，则必不能蚤朝。五官六府，辟草木，实仓廪。使农夫行此，则必不能蚤出夜入，耕稼树艺。使百工行此，则必不能修舟车、为器皿矣。使妇人行此，则必不能夙兴夜寐，纺绩织纴。细计厚葬为多埋赋

之财者也，计久丧为久禁从事者也。财以成者，扶而埋之，后得生者而久禁之。此意求富，此譬犹禁耕而求获也，富之说无可得焉。是故求以富家，而既已不可矣。(《墨子·节葬下》)

居丧的方法，又将怎么样呢？说："哭泣无时，不相更代，披缞系绖，垂下眼泪，住在（守丧期所住的）倚庐中，睡在草垫上，枕着土块。又竞相强忍着不吃而任自己饥饿，衣服穿得单薄而任凭自己寒冷。使自己面目干瘦，脸色黝黑，耳朵不聪敏，眼睛不明亮，手足不强劲，（因之）不能做事情。"又说："上层士人守丧，必须搀扶才能起来，拄着拐杖才能行走。按此方式生活三年。"假若效法这种言论，实行这种主张，使王公大人依此而行，那么必定不能上早朝；使士大夫依此而行，那么必定不能治理五官六府、开辟草木荒地和使仓库粮食充实；使农夫依此而行，那么必定不能早出晚归，耕作种植；使工匠依此而行，那么必定不能修造船、车，制作器皿；使妇女依此而行，那么必定不能早起晚睡，去纺纱绩麻织布。仔细计算厚葬之事，实在是大量埋掉钱财；计算长久服丧之事，实在是长久禁止人们去做事。财产已形成了的，掩在棺材里埋掉了；丧后应当生产的，又被长时间禁止。用这种做法去追求财富，就好像禁止耕田而想求收获一样。以厚葬、久丧的方式追求国家的富裕，早就是不可能的事了。

十三、与儒家的论战

节葬论就是把前文所述的节用论思想用于批评当时的厚葬和久丧。因此，墨家提倡节葬论的动机与节用论完全相同。

墨家认为人类能够生产的财富总量是绝对不充分的，能否保障全人类的生存都令人担心。站在这一立场上，自然会生出这种主张：我们人类没有余力把有限的财富以厚葬的形式平白无故埋入地下，好不容生产出来的珍贵财富，不应该用于死者，而应该用于保障今天活着的人的生活。

厚葬、久丧本身正如墨子所言，是很久以前中国就有的风俗习惯，而非自身带有特定思想性的东西。然而儒家却通过即便不喜欢也要隆重装扮葬礼的手段，让人们重新确认君臣、父子、兄弟等身份秩序，以图恢复逐渐崩溃的周初的礼之秩序。至此，厚葬、久丧的是非，作为儒家与墨家之间的重大对立点，成为思想层面的问题。《墨子》的传说类中记载了很多墨子与儒者关于节葬是非的争论，说明早在墨子时代，这就是墨家与儒家之间的巨大争论点。

原本，与儒家之间的论战是墨家在主张节葬过程中派生出的现象，而不是说论争本身是墨家的目的。倡导节葬的墨家的真实意图是把有限的财富用于活着的人，以此救济生活贫困的人。

在这种情况下，因为把大量财富埋入墓中并强行要求民众承担、给社会经济造成损失的是掌握政治权力的统治阶级，而能够把厚葬、久丧采纳为政策的也是他们，所以墨家自然会将王公大人作为说服节葬的主要对象。

十四、否定音乐，视其为罪恶

作为浪费财富、妨碍生产活动、压迫民众生活的恶习，墨家还提到了音乐。墨家是这样论述音乐的罪恶的。

> 今王公大人虽无造为乐器，以为事乎国家，非直掊潦水、折壤坦而为之也，将必厚措敛乎万民，以为大钟鸣鼓、琴瑟竽笙之声。然则当用乐器，譬之若圣王之为舟车也，即我弗敢非也。古者圣王亦尝厚措敛乎万民，以为舟车。既以成矣，曰："吾将恶许用之？"曰："舟用之水，车用之陆，君子息其足焉，小人休其肩背焉。"故万民出财，赍而予之，不敢以为感恨者，何也？以其反中民之利也。然则乐器反中民之利亦若此，即我弗敢非也。然则当用乐器譬之若圣王之为舟车也，即我弗敢非也。
>
> 民有三患，饥者不得食，寒者不得衣，劳者不得息，三者民之巨患也。然即当为之撞巨钟、击鸣鼓、弹琴瑟、吹竽笙而扬干戚，民衣食之财将安可得乎？即我以为未必

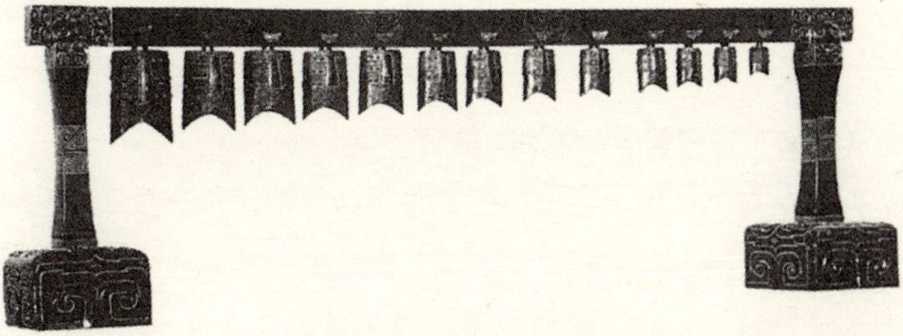

图 25 古代中国的乐器·编钟

然也。意舍此，今有大国即攻小国，有大家即伐小家，强劫弱，众暴寡，诈欺愚，贵傲贱，寇乱盗贼并兴，不可禁止也。然即当为之撞巨钟、击鸣鼓、弹琴瑟、吹竽笙而扬干戚，天下之乱也，将安可得而治与？即我以为未必然也。是故子墨子曰：“姑尝厚措敛乎万民，以为大钟鸣鼓、琴瑟竽笙之声，以求兴天下之利，除天下之害，而无补也。”是故子墨子曰：“为乐非也。”（《墨子·非乐上》）

现在的王公大人为了国事制造乐器（图 25），不是像掊取路上的积水、拆毁土墙那么容易，而必是向万民征取很多钱财，用以制造出大钟、响鼓、琴、瑟、竽、笙的声音。古时的圣王也曾向万民征取很多的钱财，制成船和车，制成之后，说：“我将在哪里使用它们呢？”说：“船用于水上，车用于地上，地位高的人可以休息双脚，地位低的人可以休息肩和背。”所以万民都送出钱财来，并不敢因此而怨怼，是什么原因呢？无非是因为花钱做的舟车最终化身成民众自身的利益了。如果乐器最终也会像舟车一样符合百姓利益的话，我也绝不会反对。

民众有三种忧患：饥饿的人得不到食物，寒冷的人得不到衣服，劳累的人得不到休息。这三样是民众最大的忧患。然而当为他们撞击巨钟、敲打鸣鼓、弹琴瑟、吹竽笙、舞动干戚，民众的衣食财物将能得到吗？我认为未必是这样。且不谈这一点，现在大国攻击小国，大家族攻伐小家族，强壮的掳掠弱小的，人多的欺负人少的，奸诈的欺骗愚笨的，高贵的鄙视低贱的，外寇内乱盗贼共同兴起，不能禁止。如果为他们撞击巨钟、敲打鸣鼓、弹琴瑟、吹竽笙、舞动干戚，天下的纷乱将会得到治理吗？我以为未必是这样的。所以墨子说："且向万民征敛很多钱财，制作大钟、鸣鼓、琴、瑟、竽、笙之声，以求有利于天下，为天下除害，是无补于事的。"所以墨子说："从事音乐是错误的！"

原本墨家就不认为音乐有什么纯粹娱乐以外的意义。在这一认识的基础上，非乐论认为问题出在王公贵族命令演奏的音乐上，那是由规模庞大的管弦乐团编制的一台大型交响乐与歌舞的组合。墨家批评统治者不顾人民的凄苦而沉迷于这种歌舞、音乐是不仁的："今王公大人唯毋为乐，亏夺民衣食之财，以拊乐如此多也。"（《墨子·非乐上》）饿死和冻死的人的尸体滚落在路边的沟渠中，人民挣扎着、过着痛苦的生活，春秋末期到战国之间令人悲叹的现实与讲究华美、极尽奢靡的歌舞形成对比，在饿死者、冻死者、累到极限而倒下的人面前，乐队演奏音乐就能救他们吗？可以说墨家这种否定音乐的主张，是有相应论据存在的。

十五、承认音乐意义的儒家

然而，儒教认为音乐作为礼教的一种手段具有重要意义。他们认为在几种被称作古代圣王之作的音乐中，包含了闪闪发光的圣王的理念和各王朝特有的精神文化。因此倾听这种音乐，会体验到感情的极致，它能陶冶人心，使民众得到教化。

“子在齐闻韶三月不知肉味，曰：‘不图为乐之至于斯也’”（《论语·述而》）、“子谓韶，尽美矣，又尽善也”（《论语·里仁》）等语表明，孔子之所以醉心于舜制作的韶之音乐，无非也是因为从中可以发现舜的理念。也就是说，对孔子而言，所谓乐，就像“乐云乐云，钟鼓云乎哉？”（《论语·阳货》）所言，不是单纯的乐器的演奏，而是如“子曰：‘兴于诗，立于礼，成于乐’”（《论语·泰伯》）、“乐节礼乐”（《论语·季氏》）所言，与礼一样，都是陶冶人心的重要教化手段。

因此，一方面，他坚决排斥只追求愉悦的音乐，如“乐则韶舞，放郑声”（《论语·卫灵公》）、“恶郑声之乱雅乐”（《论语·阳货》)；另一方面，他听闻弟子子游用音乐教化武城百姓“子之武城,闻弦歌之声”(同上)的事,说“割鸡焉用牛刀”(同上)，露出满意的笑容。用音乐教化百姓，培养乐于与周围一切和谐相处的心，才易于保持礼之秩序。

十六、关于宿命论

所以音乐的是非也成为儒家与墨家的一大争论点。在关于是否存在超越人类努力的宿命这点上，墨家也对儒家进行了猛烈的批判。

> 然则何以知命之为暴人之道？昔上世之穷民，贪于饮食，惰于从事，是以衣食之财不足，而饥寒冻馁之忧至。不知曰“我罢不肖，从事不疾”，必曰“我命固且贫”。昔上世暴王，不忍其耳目之淫，心涂之辟，不顺其亲戚，遂以亡失国家，倾覆社稷。不知曰“我罢不肖，为政不善”，必曰“吾命固失之”。(《墨子·非命上》)

然而怎么知道“命”是暴虐之人的生存方式呢？对饮食很贪婪，而懒于劳动，因此衣食财物不足，而饥寒冻饿的忧虑就来了。不知道说“我疲惫无力，劳动不快疾”，而一定要说“我命里本来就要贫穷”。古时前代的暴君，不能忍住耳目的贪婪、心里的邪僻，不听从他亲近之人的意见，以至于国家灭亡，社稷覆灭。不知道说“我疲惫无力，管理不善”，而一定要说“我命里本来就要亡国”。

《论语·颜渊》中载有“子夏曰：商闻之矣，死生有命，富贵在天”一句。说的是人的寿命由宿命决定，能否成为富贵之人，也都是有天命的。由此可以看出儒家存在这种宿命论。1993年湖北省郭店1号楚墓出土的郭店楚简《穷达以时》中也有“遇不遇，天也”“穷达以时”等语，体现了无论生逢时世而荣达还是困于不遇都取决于天命的想法。《墨子·公孟》中也有主张宿命论的儒者公孟子与墨子之间的问答。

> 公孟子曰：“贫富寿夭，齰然在天，不可损益。”又曰：“君子必学。”子墨子曰：“教人学而执有命，是犹命人葆而去亓冠也。”

公孟子说：“贫困、富裕、长寿、夭折，确实由天注定，不能够增减它们。”又说：“君子一定要学习。”墨子说：“教人学习却宣扬‘有命’的观念，就好像（本来为了戴帽子）让人包裹头发，现在却拿去了他的帽子一样。”

《墨子·公孟》中还有墨子向儒者程子发难的场景，“儒之道足以丧天下者四政焉”，其中依然包含了宿命论，如“又以命为有，贫富寿夭、治乱安危有极矣，不可损益也”。对于忧虑生活物资的贫乏，试图通过勤勉劳动与彻底的节约来解决百姓苦难“饥者不得食，寒者不得衣，劳者不得息”(《墨子·非乐上》)的墨家而言，决不能容忍宿命论，让人们放弃人为努力，陷入自甘堕落的生活中。

十七、围绕立身出世

儒者一方面大谈开祖孔子以来天子国家应有的样子，另一方面也讲究个人在天下国家中的立身出世等，强烈执着于个人愿望。《孝经》中，孔子对曾参说：“身体发肤，受之父母，不敢毁伤，孝之始也。立身行道，扬名于后世，以显父母，孝之终也。”(《开宗明义章》) 说的是，不损害从父母那里获得的身体，为孝之出发点；立身出世、扬名于后世为孝之目的地。然而就像孔子、孟子、荀子一样，大多数人都不会轻易地实现出世的愿望，只能在不遇之感中备受折磨。因此，对儒者而言，不遇并非自己的德不足，而是“遇不遇，天也”“穷达以时”，这种处世观至为重要。

反之，对墨家来说，全人类的利益就是一切，墨者并不把个人的立身出世等放在眼中。因此接受不遇的处世观对墨者而言原本就是完全不必要的替代品。《庄子·天下》这样描写墨子的教诲和战国时期实践墨子教诲的墨者的活动。

> 不侈于后世，不靡于万物，不晖于数度，以绳墨自矫，而备世之急。古之道术有在于是者。墨翟、禽滑釐闻其风而说之。为之太过，已之大循。作为非乐，命之曰节用，生不歌，死无服。墨子泛爱兼利而非斗，其道不怒。又好学而博，不异，不与先王同，毁古之礼乐。黄帝有咸池，尧有大章，舜有大韶，禹有大夏，汤有大濩，文王有辟雍之乐，武王、周公作武。古之丧礼，贵贱有仪，上下有等，天子棺椁七重，诸侯五重，大夫三重，士再重。今墨子独生不歌，死不服，桐棺三寸而无椁，以为法式。以此教人，恐不爱人；以此自行，固不爱己。未败墨子道，虽然，歌而非歌，哭而非哭，乐而非乐，是果类乎？其生也勤，其死也薄，其道大觳，使人忧，使人悲，其行难为也，恐其不可以为圣人之道，反天下之心，天下不堪。墨子独能任，奈天下何！离于天下，其去王也远矣。
>
> 墨子称道曰："昔者，禹之湮洪水，决江河而通四夷九州也，名山三百，支川三千，小者无数。禹亲自操橐耜而九杂天下之川。腓无胈，胫无毛，沐甚语，栉疾风，置万国。禹大圣也，而形劳天下也如此。"使后世之墨者，多以裘褐为衣，以跂蹻为服，日夜不休，以自苦为极，曰："不能如此，非禹之道也，不足谓墨。"

（中略）墨翟、禽滑釐之意则是，其行则非也。将使后世之墨者，必自苦役腓无胈、胫无毛，相进而已矣。乱之上也，治之下也。虽然，墨子真天下之好也，将求之不得也，虽枯槁不舍也。才士也夫！

让后世不奢侈，不装饰万物，不制定突出等级的制度，以严格的规矩自律，以此应对世界的危机。古代的道术中，有这样的方针。墨子与其弟子禽滑釐听闻这样的遗风，深感共鸣，而过度实践之，以至于背离了世间的常识。他们高举批评音乐之论调，称其为节约物资。因此死前不歌唱，死后不厚葬。

墨子主张人们泛爱、兼利，反对战争。这种做法是让人们不要对别人心怀愤怒。尊重后天之学，宣扬人类（由生而来的身份）相互没有不同，他不同意先王的方法，批评古代先王创作的礼乐。黄帝有咸池之乐，尧有大章之乐，舜有大韶之乐，禹有大夏之乐，汤有大濩之乐，文王有辟雍之乐，武王与周公创作了武之乐。古代先王指定的丧礼中，存在符合身份贵贱的形式，有区分身份高低的等级之差。天子的棺材，内棺与外椁共七重，诸侯五重，大夫三重，士二重。

然而，只有墨子把生前不歌唱、死后不厚葬、桐木棺材不足三寸之厚且没有外椁作为应该遵守的准则。若要教育人们这种规范，恐怕不是真正地爱护人。用这种规范自我实践，原本也不是真正爱惜自己。倒不是说墨子的教诲（受到人们的厌恶）

破产了，但尽管如此，他主张的是该唱的时候不要唱，该哭的时候不要哭，该高兴的时候不要高兴。这样果真符合人的真情实感吗？生前要勤劳，死后要薄葬，这个教导就是一味地要求节俭。使人忧虑，使人悲悯，这一极端的行为实行起来不易。这大概不能算是圣人之道吧。与全天下的人心背道而驰，所有的人都无法忍受。即便墨子一个人可以做到，也无法改变全天下。既然背离了天下，自然也远离了（太平地统治天下的）王者之道。

墨子这样倡导墨者应走的道路："过去，禹为堵住洪水，改变长江、黄河的流向，以使四夷居住的边境和中原境内的九州得以通行，（那时治理的）大河有三百条，支流有三千条，小河不计其数。禹亲自抬筐拿锄，汇集全天下的河流，腿肚子都消瘦了，小腿上的毛都磨掉了，淋着暴雨，顶着狂风，终于安定了天下。禹是伟大的圣人，却为天下人如此糟蹋自己的身体。"（墨子通过对大禹的这种高度赞扬）鼓动后世的墨者要身穿粗衣、脚踏木鞋或草鞋，昼夜不休，以自身苦行作为最高行为。墨子鼓励说，若做不到如此，就不能说学到了大禹的生活方式，也难以称自己是墨者。

（中略）墨子和禽滑釐的意图是正确的，其行为却是错误的。后世的墨者必须要求自己苦行，争先恐后地以小腿消瘦无毛为目标。在乱世中，这可以说是良方，但在太平之世却是下策。尽管如此，墨子是真正爱天下的人。如果不能把天下从不幸中拯救出来，即便弄得形体枯槁也不放弃。真是有才德的人啊！

《天下》的作者批评墨者的苦行违背人之常情："生不歌，死无服。"但是又肯定了墨者超俗的活动是出于救世精神，"墨子真天下之好也"，给予了一定的评价。对于实践这种生活方式的墨者而言，个人的立身出世等原本就不是其应该追求的目标，所以就不存在把无法出世的原因转嫁于宿命、以此为自己辩护的必要性。

前面介绍了墨家倡导的节约型文明社会。墨者认为人类能够从自然界取得的财富的总量不足以保障人类的生存与文明社会的维持。因此，墨者呼吁人们在勤劳致富的同时应该通过彻底的节约抑制对财富的浪费。儒家的荀子批评"墨子之节用也则使天下贫"，但让墨家说的话，在财富的绝对量不足的情况下，人类没有余力把财富用于无用的装饰上。

第五章　道家对文明的批判

——老子、庄子

“儒”“墨”等学派名在儒家、墨家活动的春秋末期就已经存在了。而“道家”这一学派名在春秋战国时期还没有，直到汉初才第一次出现在文献中。道家思想后来也被称作老庄思想，因为代表道家的是《老子》《庄子》。

一、古代天道思想 —— 道家的渊源

东汉的班固在《汉书・艺文志・诸子略・道家》中把道家的特色概括为“历记成败、存亡、祸福、古今之道，然后知秉要执本，此君人南面之术也”。也就是说，道家的特色在于，他们认为要先省察古今盛衰的历史变迁，然后才能遵守清虚、卑弱的根本，并认为这才是君主君临天下的统治术。

因此班固称“道家者流，盖出史官”，指出道家之渊源在古

代史官。周王室史官的职责是观测日月星辰等天体运行（天道），制定历法并据其记录周的年代，援引史书训诫天子，以占星术预测天道的变迁和内政、外交、军事的吉凶，遵从历法的指示（时令）监督农业活动。

他们的活动全都是以天道观测为中心展开的。且史官的天道思想还具备以气解释天地之成立的特点："夫天地之气，不失其序"（《国语·周语上》）。正如"史以天占人"所言，史官并不仅仅从内部思考人类世界（人事）的问题，还试图置身广阔的天界理法（天事）之中去思索。将人事包含于天事内，且以优先天事的形式思考人事，这种态度才是道家思想最基本的框架。因此，正如班固所指出的，道家的渊源之一，在于从天道占卜人事这种史官的天道思想。

古代天道思想是在周王室的史官集团内部传承的一种奇异的思想。但是这一思想逐渐在周王室的贵族、畿内各国的贵族中广泛传播，脱离了史官的垄断，此后更进一步传播到了远离中原（黄河流域）的边境地区。据《史记集解》所引《范氏计然》记载："计然者，葵丘濮上人，姓辛氏，字文子，其先晋国亡公子也。尝南游于越，范蠡师事之"，从晋国亡命逃到楚国的公子后裔名计然（文子），从楚国来到越国，向范蠡传授学问。晋国为畿内的大国，公子属于能够接受天道思想的特定身份阶层。所以，可以认为越国的范蠡是通过计然继承了中原的古代天道思想。

范蠡是侍奉越王勾践并使之灭亡宿敌吴国的有名的参谋。他的言行举动在记录了春秋时代历史的《国语·越语下》中可见。其中范蠡的发言正是基于古代天道思想之内容，而且与马王堆西汉墓中发现的《经法》《十六经》等黄帝书也极其相似。黄帝书与《老子》统称为“黄帝老子书”，成为被称作黄老思想的道家一派的经典。但这也说明道家渊源之一依然是史官的古代天道思想。

二、《老子》思想的形成

在前述经过的基础上，接下来让我们思考《老子》思想的形成情况。关于老子的各种传承大致可分为三种：（1）老子是靠近中原的南方，也就是陈或者楚国北部的人；（2）他是西周史官；（3）他的思想与计然、范蠡同属一个体系。这些情况虽然乍看之下有些支离破碎，但若作以下思考，则能进行整体性理解。

虽然在吴越之间的斗争结束之后范蠡去了齐国（图 26），但曾经刚强骄纵的吴国的灭亡和通过复杂战略获胜的越国的教训将范蠡之名广泛传播于吴越之地。通过吞并吴国强大起来的越国又在公元前 334 年被楚国彻底吞并。正是在这一变迁的背景之下，范蠡的思想从吴越传播到了楚国。

尤其是有许多传说认为老子的出生地在陈国，也进一步提高了这种可能性。陈国处于吴越两大势力之间，苦于选择何去何从，最初它与楚国结盟攻打吴国，后来又支持吴国与楚国作对。公元前487年，陈国为楚国所灭，短短四年后，吞并了吴国的越国的势力开始波及这一地区。也就是说，无论在地理上还是历史上，陈国与吴、楚、越都有极为深厚的关系。

图26 离开越国的范蠡

知晓这一情况之后，可以认为之所以范蠡与《老子》呈现出思想上的共通性，是因为范蠡的思想在陈国故地传播并成了《老子》在楚国形成的有利契机。这种想法为传承（1）和（3）提供了调和的可能。

那么接下来，让我们思考一下它们与传承（2）——认为老子是周王室的史官——之间的关系。如何能在确认老子出身于春秋末期到战国时期的楚国且与范蠡之间存在思想上的继承关系的基础上，又将他与西周联系在一起？

关于这个问题，我们应该想到范蠡思想的形成过程。既然范蠡是通过计然继承了中原的古代天道思想，那么在范蠡思想影响下形成的《老子》也就间接地汲取了古代天道思想之流。

而且老子的出生地在楚国的北部，位于中原与南方交界的地带，具备了易于吸收中原文化的条件。再加上楚国在长江流域的夷狄中也是最早进入中原的，中原文化流入的程度应该比越国高得多。《老子》中也能看到中原天道思想的影响。因此老子也被看作继承了周文化的人。

这一点是把老子与西周联系在一起的重要因素。此外，《老子》阐释王者君临天下的技术、尚古思想、回归根源等现象，也让汉代人产生一种老子是继承了逐渐衰退的古代天道思想的周王室史官的印象。

以上各种因素融合到一起，老子作为周王室史官、始终保持古代思想的形象就形成了，几乎是一种必然。孔子向老子请教逐渐崩坏的周礼，委托老子将典籍收录进周王室的书库，最后发展为老子看到周的衰落而离开西方——以上诸多传说的结构性意义或许就在这一点上。

除此以外，也有传闻认为老子是预言了秦国霸业的秦国太史，还有一种看法认为他就是以“西周三川皆震”（《国语·周语上》）的预兆警告幽王“周将亡”的伯阳父，这些传说的兴盛也是基于同样的理由。

综合以上结果，可以认为《老子》成形于春秋末期到战国初期的楚国北部，其基础包括对吴越抗争的反省、范蠡思想的影响、春秋时代流入的中原文化的影响，以及伴随作为宇宙本体和根源的“道”的创造而出现的宇宙生成论等新要素。

三、道家思想研究的新阶段

以往我们能够利用的先秦道家思想的文献，基本上局限于《老子》和《庄子》。因此道家思想的研究是以《老子》和《庄子》为中心展开的。然而随着近年来新的资料相继出土，道家思想研究迎来了全新的阶段。

1993 年湖北省荆门市郭店 1 号楚墓出土了战国中期的竹简（郭店楚简）。其中包含了三种《老子》抄本和被命名为《太一生水》（图 27）的未知的道家文献。《太一生水》显示了这样一种过程：水生于宇宙的根源太一，天生于太一和水，地生于太一和天，神明生于天和地，阴阳生于神明，四季生于阴阳，寒暑生于四季，湿燥生于寒暑，湿燥相辅成一年。这一过程追溯了从宇宙的出现到完成，世界分化的每一个阶段的内容，形成了不同于《老子》的独特的宇宙生成论。

太一还被解释为在宇宙完成之后潜入水中周行天下，“周而又始，以己为万物母，一缺一盈，以己为万物经”，作为“万物母”“万物经”继续控制万物。这与“有物混成，先天地生，寂兮寥兮，独立而不改，周行而不殆，可以为天地母”（第二十五章）、“道冲，而用之或不盈，渊乎似万物之宗”（第四章）等语所表示的《老子》的道——万物生发后也继续在幕后统治着世界的宇宙主宰者——属于同一构造。

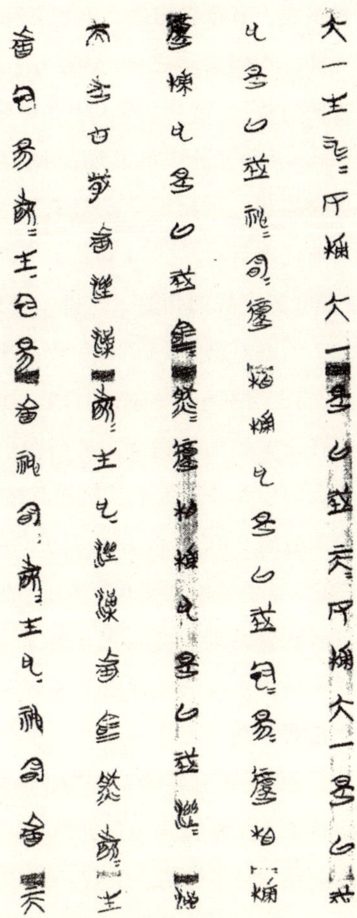

图 27 郭店楚简《太一生水》

《太一生水》中还包括“天道贵弱，削成者以益生者”这种对夸耀强盛的人类社会现状进行批评的论点。与此相似的思考在《老子》“天之道，其犹张弓欤！高者抑之，下者举之，有余者损之，不足者补之”（第七十七章）、“坚强者死之徒，柔弱者生之徒”（第七十六章）、“果而勿矜，果而勿伐，果而勿骄”（第三十章）中亦可见。

《太一生水》的发现表示，还存在不同于《老子》的未知的道家思想，因而给学界带来了巨大的冲击。然而具有冲击性的发现还在继续。1994 年，上海博物馆在香港的古董市场购买了 1 200 多支战国楚简。这批上博楚简中包含了题为《恒先》（图 28）的道家思想文献。《恒先》中记录了以下这种宇宙生成论。

在“恒”这一原始时期，并没有世界，只有质和静微弱地存在于“恒”的内部。最初微小的质、静、虚三者不久便成长为大质、大静、大虚，从而对被封存于无之中的现状表示不满，企图脱离“恒”。结果出现了“或”的世界。进入“或”的阶段以后，发生了气。气并非生于“恒”，“气是自生自作”，自己生，自己四处游走。混沌为一的气，不久后开始分化，浑浊的气形成了地，清亮的气形成了天。气继续分化、扩延，于是万物生发充满天地。

《恒先》独特的宇宙生成论是大致将“恒”与“或”的世界相对比。世界从“恒”过渡到“或”，而“恒”继续在幕后控制“或”的世界，是宇宙的主宰者。《恒先》中还有一种认为人类是恶之元凶，批评人类文明的观点，“有人焉有不善，乱出于人”。

从《老子》《太一生水》《恒先》三者之间可以看到许多的共通性，但其中最大的共通性在于它们的思想是从宇宙之始说起，批评当今人类社会现状，具有把宇宙生成论与文明批评相结合的构造这一点。

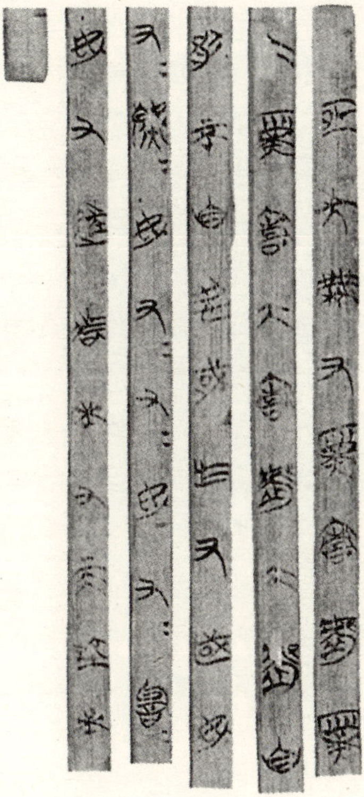

图28　上博楚简《恒先》

三者提出的宇宙主宰者“道”“太一”“恒”的性质中也有很大的共通性。在尊奉《诗》《书》为先王之书的中原文化圈，拥有意志的人格神上天、上帝才是宇宙的主宰者，这一观念已经牢牢地树立起来。在这种对上天、上帝的信仰中，世界已经作为预设存在，所以宇宙之始并不被当作思考的对象，像“天生烝民”（《诗经·大雅·烝民》）所表示的，至多不过从人类的诞生开始说起。

上天、上帝与犹太教的耶和华（YHWH）、基督教的神、伊斯兰教的安拉等一样，是拥有感情和意志但没有身体和形象的形而上的神格，从人身上剔除了身体的要素，只留下感情和意志，说到底还是模仿了人的神格。

与此相反，“恒”“太一”“道”完全不具备类似人的性质，即便在观念上被设定为非物之物，但基本上体现的还是物的性质。这种是人还是物的差异，从哲学的角度而言属于本质上的不同，两者之间存在难以超越的深深的鸿沟。否定把模仿人的人格神作为宇宙主宰者的思想、把类物的存在作为宇宙主宰者——这种思想是周王朝体制下的中原文化圈绝对无法孕育出来的。

像这样，将类物的存在置于宇宙主宰者的位置上的思想，虽然是为说明宇宙起源的宇宙生成论，但同时，具有宇宙生成论的道家思想一定会对人类文明进行强烈的批判。

四、庄子的思想

那么，接下来让我们试着讨论与《老子》齐名的道家思想代表作《庄子》。庄子（庄周）（图 29）是一位与儒家的孟子在几乎同一时期——公元前 4 世纪后半叶——活动的思想家。虽然他的生卒年不详，但其友人兼论敌惠施曾当过魏惠王（在位时间：公元前 370—前 318）的宰相，在惠王死后也当过襄王（在位时间：公元前 318—前 296）的顾问，所以庄周的活动时期应该与之重合。

庄周与惠施出身于被周灭掉的殷的后裔宋国。或许是因为这个缘故，在庄周与惠施的思想中完全看不到对上天和上帝的信仰。庄周思想的特点在于否定人的相对价值判断，认为世界上没有是非、善恶、美丑、尊卑等差别，主张万物齐同。他还以万物是无限连锁的混沌为由，不认为世界上存在任何秩序和体系。

图 29 庄子

现在流传的《庄子》文本，其体裁为内篇七篇、外篇十五篇、杂篇十一篇，共三十三篇。这是 4 世纪时晋朝的郭象制定的形式，今天的《庄子》全部都是出自郭象本的同一体系的文本。关于内、外、杂的区分，可以认为内篇比较接近庄周自己的著作，外、杂出自后学之手。一直以来，内篇中的《逍遥游》与《齐物论》都被认为是最能表达庄周自身思想的篇目，是《庄子》的核心部分。

然而，后学创作的外、杂篇中也有表达庄周学派真髓的篇章。庄周有数位门人，这些嫡传弟子记载的内容，即便现在被编入外、杂篇中，应该也清晰地表达了庄周本人的思想。但是，综合看来，内篇与外、杂篇之间依然存在着巨大的差异。内篇与伦理学派的惠施之间关系深厚，指出相对的价值判断的虚妄，具有较强的探求个人灵魂安宁的性质。然而，外、杂篇中《老子》的影响加强，与之相伴，对儒家和文明的批判色彩也变得浓厚；另一方面，又屡屡提到理想的天下统治的形态，表现出政治思想的色彩。

这一现象说明庄周学派逐渐受到《老子》的强烈影响。尽管如此，《庄子》中，即便是外、杂篇也没有提到宇宙生成论，维持了庄周把世界作为前提条件来展开思索的本来立场。

五、对自然界的强烈关心

以上，我对道家思想进行了简单的解说。接下来让我们考察一下道家思想是如何思考自然与文明之间的关系的。一般来说，儒家和墨家对自然界的构造本身不太关心。相反，道家却表现出对自然界结构的强烈关心。

> 天其运乎？地其处乎？日月其争于所乎？孰主张是？孰维纲是？孰居无事推而行是？意者有其机缄而不得已邪？意者其运转而不能自止邪？云者为雨乎？雨者为云乎？孰隆施是？孰居无事淫乐而劝是？风起北方，一西一东，有上彷徨，孰嘘吸是？孰居无事而披拂是？敢问何故？（《庄子·天运》）

《天运》的作者发问：在人的眼中，天是在一边旋转一边移动，而大地岿然不动。太阳与月亮就像在相互争夺场地般在天界移动。到底是谁主宰了、控制了天界的运行？到底是谁，从不露面，躲在背后推动着天体运行？

难道是整个天界都成了机械装置，被不由分说地推动着，无法停止运行？或者是因为某种势头而开始运动，结果自己也无法停止了？

云变成雨了吗？雨又变成云了吗？到底是谁不用自己出手，就能恣意使云起雨降？风定然是从北方来的，有时吹向西边，有时吹向东边，在上空来来往往。到底是谁在吞吐大气？是谁不出手却在操纵风向？告诉我，这是为什么？

如前所述，儒家的荀子认为，天界的运行古今一定，没有必要去重新探索其结构，并提出了所谓“天人之分”。这是以对天界运行的无限信赖和对天的乐观主义为前提的、对天的漠不关心，这一点前文已经讨论过。

但是，《天运》的作者对天体运行、风雨发生的机制表现出强烈的关心。道家认为人类社会不仅是被包裹在自然界中的小小存在，人类应该遵从包围住自己的自然界的方式生存。在道家看来，自然界是人类应该遵守的规范。因此道家对于比人类更高一级的自然界的机制表现出强烈的兴趣。“敢问何故”的呼喊，直截了当地表现出这一切实想法。

六、文明破坏了自然的秩序

然而，人类为了满足无尽的欲望，发展出了自然界本不存在的文明。关于文明如何破坏自然界的本来秩序，《庄子·胠箧》是这样描述的。

> 上诚好知而无道，则天下大乱矣。何以知其然邪？夫弓弩毕弋机变之知多，则鸟乱于上矣。钩饵罔罟罾笱之知多，则鱼乱于水矣，削格罗落罝罘之知多，则兽乱于泽矣。

统治者一心追求圣智而不遵从大道，那么天下必定会大乱啊！怎么知道是这样的呢？弓弩、鸟网、弋箭（图30）、机关之类的智巧多了，那么鸟儿就只会在空中扰飞；钩饵、渔网（图31）、鱼笼之类的智巧多了，那么鱼儿就只会在水里乱游；木栅、兽栏、兽网之类的智巧多了，那么野兽就只会在草泽里乱窜。

《胠箧》的作者慨叹，人类为了保证自己的食物，要捕获更加大量的野生动物，其发明的狡猾的狩猎工具导致自然界秩序遭到破坏。庄子学派对机械的发明抱有强烈的危机感，这在以下《庄子·天地》的传说中也有表现。

> 子贡南游于楚，反于晋，过汉阴，见一丈人方将为圃畦，凿隧而入井，抱瓮而出灌，搰搰然用力甚多而见功寡。子

贡曰："有械于此，一日浸百畦，用力甚寡而见功多，夫子不欲乎？"为圃者仰而视之曰："奈何？"

曰："凿木为机，后重前轻，挈水若抽，数如泆汤，其名为槔。"为圃者忿然作色而笑曰："吾闻之吾师，有机械者必有机事，有机事者必有机心。机心存于胸中，则纯白不备，纯白不备，则神生不定，神生不定者，道之所不载也。吾非不知，羞而不为也。"

图 30　用矰缴射鸟的人

图 31　用网捕鱼的渔夫

一天，孔子的弟子

图 32　桔槔

子贡从楚国返回晋国，在汉水南岸遇到一位老人，正在整地开畦，他挖了一条隧道进入水井的一侧，用瓶子运水注入田圃中。虽然花费了不少劳力和工夫，但收效甚微。见此，子贡在路边向老人招呼。他说：“您知道有那种一天能浇一百块畦的机械吗？不但省力，效果也很好。要不要试一试？”老人抬头看着子贡问道：“是什么样的机械？”

子贡答道：“把长长的木头削成半圆形，做成机械，后重前轻，提水就像抽水一样，（出来的）数量（快得）就像水开了往外溢，这种机械的名字叫作槔（图 32）。”听到这里，老人面露怒色，讥笑着对子贡说：“我的老师曾经说过，机械发明以后，一定会出现通过机械装置提高效率的事业，如此就会生出对机械的依赖。人类一旦有了依赖机械的心思，就会失去原本的纯洁精神。这样，与天地、自然协调一致的、神奇的生存方式就会被打乱。这样的人就脱离了天地、自然之道。有这样的机械，我也是知道的。但是我以脱离天地、自然之道的生存方式为耻，只是没有用而已。”

人类出于效率优先的考虑，接连发明出各种机械。它们的确带来了许多的便利。但是伴随着机械文明的发展，只有通过忍耐各种不便才能感受到的劳动与生活的意义也被人们遗忘。通过提高经济效益来获得巨大的财富、奢华的生活等对未来的期许不断膨胀，占领了人们的精神。人们无法切身体会到此时此刻生活在天地与自然之间的感觉，逐渐丧失了灵魂的安宁。

《天地》记录的寓言，是对人类末路的尖锐警告 —— 想要使用机械，最终却变成被机械驱使，脱离了在自然中生活的灵魂的原貌，漂流于文明之海。

七、悲惨的野生动物成为家畜

前文介绍了人类利用诡计捕获大量野生动物、逐渐破坏自然秩序的情况。但是，人类对自然秩序的破坏并不止于为捕食而进行的狩猎。人类捕获、诱骗野生动物后将其变为家畜，驱使它们充当劳动力。《庄子 · 马蹄》的作者描写了这对野生动物而言是多么悲惨的情形。

马，蹄可以践霜雪，毛可以御风寒。龁草饮水，翘足而陆，此马之真性也。虽有义台路寝，无所用之。及至伯乐，曰："我善治马。"烧之，剔之，刻之，烙之，连之以羁䩭，编之以皂栈，马之死者十二三矣。饥之，渴之，驰之，骤之，整之，齐之，前有橛饰之患，而后有鞭筴之威，而马之死者已过半矣。

马，（生来就会）用蹄子在冰冷的霜雪上行走，（生来就会）用毛抵御寒风。在草原上食草，在河流中饮水，跳起来在陆地上奔跑。这才是马的本性。所以对于马而言，举行仪式用的华丽的台子、壮丽的宫殿等都是完全不必要的东西。然而自称调教名人的伯乐出现了，他吹嘘："只要经过我的手，无论多么野的马都能被驯服。"在伯乐的调教方法中，捕获野马之后，（为了方便处理）要把体毛烧掉剃掉，给蹄子整形，烙上烙印，套上笼头、胸带、后鞧，每四匹马拉一辆马车。结果，野生的马有二至三成死去。为了进一步调教，（让它们听话）故意不给它们饲料和水，让它们记住快走和慢走，给它们套上辔头、戴上橛饰，从后面用鞭子威胁它们。结果，有超过半数的野马死去。

所谓天性，是指某个物种为了生存而采取的形态、手段，以及从出生到死亡为止必然遵循的一定的程序（方向）。《庄子·马蹄》的作者认为，马蹄践霜雪、体毛御风寒、食草饮水、在陆地上奔跑都是马的本性。因此仪式用的台子、天子的宫殿等，对马而言没有任何作用。但是像伯乐那样的调教师出现了，人类把野马当作家畜饲养（图 33）起来，再烧掉、剃掉它们的体毛，削蹄烙印，给它们佩戴上笼头、胸带、后鞧，用网把四匹马连起来。这样一来，十匹野马中就死掉了两三匹。

图 33 饲养的马

为了进一步调教，不给它们饲料和水，调整其慢走和快走的步伐，让其咬住衔，给其套上缰绳，并从后面用鞭子威胁它们。这样一来超过半数的马都死了。马被人类要求具备的能力超过了其作为动物的本能，于是被迫违反其本性而生存，若不适应便会死去。

八、文明与人

那么人的情况又如何呢？《马蹄》的作者是这样描绘文明出现以前太古之世的情况的。

> 彼民有常性，织而衣，耕而食，是谓同德。一而不党，命曰天放。故至德之世，其行填填，其视颠颠。当是时也，山无蹊隧，泽无舟梁，万物群生，连属其乡，禽兽成群，草木遂长。是故禽兽可系羁而游，乌鹊之巢可攀援而窥。夫至德之世，同与禽兽居，族与万物并，恶乎知君子小人哉？同乎无知，其德不离，同乎无欲，是谓素朴。素朴而民性得矣。

织布穿衣，耕田吃饭，几乎是每个人都具备的德（能力），这样生活是民之常性。不偏袒拥有特殊能力的人，将这种人类共通的、普遍的生存方式称为天的放养。

因此在没有文明存在的至德的世界上，人们悠闲地漫步，不会东张西望地窥探四周。因为当时没有与其他地区的交易，所以山上没有开凿的山路，水泽里也没有船和桥。万物聚集到人类居住的村落。禽兽成群，草木繁茂。因此鸟兽全无警戒之心，甚至可以用绳子拴在一起玩，还能窥探其巢穴。

在至德的世界上，人们与动物同居，与万物一起生活。没有以才能判断人的情况，也没有君子和小人的差异。大家都不分你我，没有任何智慧，不脱离人类本来具备的能力而生活，没有与他人的竞争之心，无欲无求。这种生活方式可谓朴素。正因为朴素，才不会失去人民原本的性质。

但是文明出现，在人的外围布满了激起人类欲望的人工装置，人类就逐渐迷失了本性。《庄子·骈拇》的作者是这样描述这段罪恶的历史的。

> 夫小惑易方，大惑易性。何以知其然邪？自虞氏招仁义以挠天下也，天下莫不奔命于仁义，是非以仁义易其性与？故尝试论之，自三代以下者，天下莫不以物易其性矣。小人则以身殉利，士则以身殉名，大夫则以身殉家，圣人则以身殉天下。故此数子者，事业不同，名声异号，其于伤性以身为殉，一也。

小的诱惑能让人搞错方向，大的诱惑则会让人的本性发生错误。被称赞为圣天子的舜，以仁义俘获人心，天下人都以仁义为目的奔走。这难道不是把仁义这种外部价值标准与自身内在本性搞混了吗？

具体而言，在舜之后出现的夏殷周三代王朝中，天下所有的人都把自身的内在本性与外部事物弄混了。普通百姓为了财物牺牲自己，士为了名声牺牲自己，大夫为了门第牺牲自己，圣人为了世界牺牲自己。

这些阶层的人虽然从事的职业不同，希望得到的名声的性质也多种多样，但在损害人类本性、为了外部价值标准而牺牲自身这一点上是没有不同的。

文明社会出现后，人们按照社会上通行的价值标准与他人竞争，以求稍稍提升在社会上的地位。比如，平民会为了赚钱而奉献一生，以求自己的财产能超过他人。如此，人就变得和被人捕获的野马一样，为了获得超出自己能力的结果，被迫按照违背本性的方式生活，最终迷失了自己。

九、对文明的未来的警告

像这样，庄子学派批评因为过于相信人为的可能性而发展文明的行为，强烈要求转变价值观。他们对文明的未来做出了如下警告。

> 上悖日月之明，下烁山川之精，中堕四时之施。惴耎之虫，肖翘之物，莫不失其性。甚矣，夫好知之乱天下也。

在上遮蔽了天上闪耀的太阳和月亮之光，在下烧尽了山川河流的精华，天地之间，春夏秋冬四季的运行混乱，连在地上爬来爬去、在草丛中飞来飞去的虫子都无一不失去了天然的本性。人类智慧的发达带给世界的混乱，就是这样严重。

文明继续发展的结果，是人类从铜山、天山中挖掘了大量的矿石，采伐森林作燃料，生产青铜器和铁器。因此上面是精炼金属的煤烟覆盖了天空，遮蔽了太阳和月亮的光芒。山上的树木因为开发而被燃烧殆尽，以获取燃料为目的的森林砍伐让山变得光秃秃的。河流、湖泊因治水而被改道，岸边的草丛被烧尽。山川河流荒废以后，气候失调，四季变迁发生混乱。如此，就连小小的昆虫也无法保全其本性，不得不苦于扭曲。

这里描绘的是公元前 4 世纪到公元前 3 世纪黄河文明的阴暗面，但《庄子·胠箧》的作者却仿佛看穿了现代文明的将来而发出感叹。工业地区的烟囱群排出的浓烟，因为开发而露出表土的群山，以水泥加固堤岸的河川、湖泊，相继发生的气候异变，亚马孙河流域森林的大量消失，大量使用农药造成的小动物的畸形……对于经历过这些现代文明阴暗面的我们来说，《胠箧》的警告至今依然不过时。

十、《老子》的文明批判

那么，接下来让我们看看《老子》（图 34）对文明的发展持一种什么样的态度。《老子》第五十七章是这样批评文明的发展的。

图 34　老子

民多利器，国家滋昏，人多伎巧，奇物滋起。

人民手中方便的器物越多，国家便越混乱；人民使用技巧越普及，奇怪的事情就越多。

正如我们从前面介绍的几个事例中能够看到的，人类为了追求方便而发明了各种各样的器械。一旦这些器械在百姓中普及，人们以更有效率的方式获得利益的欲望就会膨胀，而人的德性则会衰落。这样，利益的争夺战便日渐激化，国家混乱的程度也逐渐加深。以往没有的新技术和方法被创造出来以后，人们试图凭借它们出人意料，欺瞒周围的人以独占利益。结果，世界上稀奇古怪的事情便不断出现。

《老子》第五十三章严厉批评了占据社会上层的当政者沉迷于奢靡的情况。

朝甚除，田甚芜，仓甚虚，服文彩，带利剑，厌饮食，货财有余，是谓盗夸，非道也哉。

虽然朝廷的建筑物极其雄伟，但田野却荒芜了，储备粮食的仓库也空无一物，然而当政者却穿着华美，佩戴利剑，享用精美的食物，攒下万贯家财。这些都是从百姓那里偷来的财富，用以过奢华的生活。人们已经脱离了应走的道路。

如前所述，儒家认为，社会阶级的上下应该与其财富消耗量的多少成正比。他们说消耗更多财富的人形成了社会的上层阶级，担负着统治消耗较少财富的百姓的责任，这才是维持社会秩序的方法。因此君主、卿、大夫等贵族的奢华并非单纯的浪费财富，而是具有体现身份高低的深层含义。

十一、偏离人类本来的样子

但是，《老子》严厉批评了王侯的浪费与奢华。他们引以为荣的奢华生活是以掠夺百姓的财富为前提的，而且这种生活偏离了人类本来的样子。这是为什么呢？《老子》第十二章对此作了解释。

五色令人目盲，五音令人耳聋，五味令人口爽，驰骋畋猎令人心发狂，难得之货令人行妨。是以圣人为腹不为目，故去彼取此。

青、红、黄、白、黑五种美丽的颜色，让人失去正常的视觉；宫、商、角、徵、羽五个音阶演奏的动听音乐，令人失去正常的听觉；混合了酸、苦、甜、辣、咸五种味道的美食，让人失去正常的味觉。驱车狩猎让正常的人精神发狂；奇珍异宝阻碍人类的正常行动。正因如此，圣人只需保障最低限度的生活，摒弃不必要的奢华生活，所以有了这样的取舍。

文明创造出华丽绚烂的宫殿、车马、衣服等物，还孕育出以高价乐器演奏的音乐，满是山珍海味的佳肴，快速驱驰兵车的大规模狩猎等娱乐活动，从远方运来的宝石、毛皮等奇珍异宝。这些文明的产物，强烈地刺激着人类的欲望，人们为了时髦、文化、美食、娱乐、投机而奔忙。

然而，享受文明带来的快乐的行为，逐渐腐蚀了人的心。人的欲望没有止境，一旦受到刺激，就会继续追求更加强烈的刺激和浓厚的快乐。最终人的精神会像发疯一样，只对快乐产生反应。正因如此，《老子》批评沉浸在文明带来的快乐中的生活方式，认为它脱离了为人的正道。“治人，事天，莫若啬”（第五十九章），《老子》声称谨慎的生活才是“长生久视之道”——长久的方法。

十二、"小国寡民"的理想

那么我们该如何生活呢?《老子》第八十章提供了以下方法。

> 小国寡民,使有什伯人之器而不用,使民重死而不远徙。虽有舟舆,无所乘之;虽有甲兵,无所陈之;使人复结绳而用之。甘其食,美其服,安其居,乐其俗。邻国相望,鸡犬之声相闻,民至老死不相往来。

使国家变小,使人民稀少。即便拥有能为十人、百人之长的人才,也没有使用他们的必要。使人民重视死亡,而不向远方迁徙;虽然有船只车辆,却不必去乘坐;虽然有武器装备,却没有地方去布阵打仗;使人民再回复到远古结绳记事的自然状态之中。国家治理得好极了,使人民吃得香甜,穿得漂亮,住得安适,过得快乐。国与国之间互相望得见,鸡犬的叫声都可以听得见,但人民从生到死,也不互相往来。

这里描写了《老子》理想中国家的样子。领地狭小,只有一座城邑和其周边的耕地。百姓的数量很少,没有约束乡里的长。百姓不去冒险与远方进行贸易,所以即便有船和车等交通工具,谁也不会乘坐它们去远方。即便有军备,也不会从武器库中取出。古代的百姓不识字,结绳以作约定之记号。《老子》称再次回到这种状态为好。不吃那些不用外国的作物就无法制作的食物,甘于这片土地上传统的衣服、房屋、风俗、习惯，不去追求新的、珍奇的东西。即便是登上城墙就能看到邻国的距离，百姓也没有走过去看看的想法。

十三、乌托邦的精神

不被共同体埋没，要确立自我，要有自己的主张，要伸张个性，要解放欲望，不因循守旧，要以广阔的视野面对世界——西欧的近代思想将这些思想传播到全世界。近代西欧文明因其压倒性的强大，上述思想也借由这种力量越过国境，渗透到全世界。当然，日本也在其强烈的影响下发展至今。

但是，《老子》却主张埋头于太古那种狭小的共同体中生活，认为那才是理想社会的存在方式，是让人向往的生活。当然《老子》的作者也并非认为这种回归在现实中可以实现。他的目的是警告人们，如果就这样放任文明发展，满足无止境的欲望，任性地追求快乐，最终只会让人的心生病，精神崩溃。《老子》的作者是以描绘太古乌托邦这一反论的方法来表现其警告的。

因此，我们应该从《老子》所说的乌托邦中汲取的，不是其中描绘的个案，而是那样生活的人的精神状态。是无止境地发展文明能让人幸福，还是主动控制文明的发展，像生活在美国的阿米什人（Amish）那样拒绝文明能让人幸福？《老子》为人类提供了一种选择。

十四、其他思想家的文明观

图 35　韩非子

至此，我们比较了儒家、墨家、道家三者，最后再简单介绍一下其他思想家。因为在儒家、墨家、道家活动的战国时代，还有一些后来被称为诸子百家的众多思想家，各执己见，展开论战。

诸子百家中，有一些像商鞅、韩非子（图 35）那样主张法术思想的人。作为战国乱世中使国家得以存续的方法，他们主张“国之所以兴者，农战也”（《商君书·农战》）、“国有无功得赏者，则民不外务当敌斩首，内不急力田疾作”（《韩非子·奸劫弑臣》）等富国强兵之策，通过奖励农耕加强经济力量，通过奖励战斗加强军事力量。

因为他们关注的对象集中在国家经营上，所以法术思想并没有把自然与文明的关系作为直接的思考对象。但是，他们称“古之民朴以厚，今之民巧以伪；故效于古者，先德而治，效于今者，前刑而法”（《商君书·开塞》）、“今有美尧、舜、汤、武、禹之道于当今之世者，必为新圣笑矣”（《韩非子·五蠹》），认为儒家所主张的德治是只在尧舜时代有效的过去的遗物，而现代追求的是法治，把历史状况的变化当作自我正当化的论据，于是间接肯定了文明发展的现状。原本在法术思想中就几乎见不到对自然的思索。

图 36 尹文

在诸子百家中还有像宋钘、尹文（图 36）那种试图阻止国家之间的侵略战争和个人之间的决斗、希望实现没有纷争的世界的思想家。该学派的著作虽然已尽失，但《庄子·天下》对他们的思想概要进行了介绍。由此可知他们思想活动的最终目标是“愿天下之安宁以活民命，人我之养，毕足而止”，解救百姓生命于死亡的危险中，以保安宁。

威胁百姓生命的重要因素，首先是因生活物资欠缺而造成的饿死和冻死。因此他们“不饰于物”“不以身假物”“白心”“语心之容，命之曰心之行”“以情欲寡浅为内”（《庄子·天下》）等，自觉看淡人生来具有的情欲，极力压制对外界的物质欲望，以保证精神的平静，主张与心术相结合这一形式的禁欲主义。

他们这一学派的禁欲主义是以“请欲固置五升之饭足矣”“先生恐不得饱，弟子虽饥，不忘天下，日夜不休”（同上）等极端的节俭主义为实践的。如果这种禁欲、节俭主义在全世界普及开来，就会消除王公、贵族奢侈浪费大量财富而贫困百姓却因得不到仅有的一点生活物资而饿死、冻死的不平等现象，同时实现他们“人我之养，毕足而止”的均等主义 —— 其象征正是山顶成水平形状的华山之冠。

令百姓生命陷于危险的第二个因素，是民间盛行的私斗习俗 —— 一旦受辱即拔剑相向，以及导致大量百姓伤亡的国家间的侵略战争。无论是从妨碍百姓生产和加强赋税这一点上，还是从浪费财富与导致物资贫乏这一点上，都可以说侵略战争原本就是对百姓生命的双重威胁。因此他们称“见侮不辱，救民之斗；禁攻寝兵，救世之战”，主张废除私斗恶习的非斗主义与废止军备、根绝侵略战争的反战主义。

这种情况下，“见侮不辱”的心态被看作实现非斗的工具，“语心之容，命之曰心之行，以聏合驩，以调海内”（同上），从容的心能融化利害冲突，皆大欢喜的心术能成为带来世界和平的工具，从中可以看到“白心”之心术思想与非斗、反战主义的结合之处。

总而言之，他们主张的是，随着文明发展，人类所担负的战争、物资缺乏等难题，可以通过一个人一个人净化自己灵魂的方法解决。因为他们采取的全部是从心态上解决 —— 也就是

反求诸身 —— 的方法，所以对外界自然的关心很少。

诸子百家中还有信奉古代帝王神农教诲的、被称作农家的思想家。他们的著作虽然也都湮灭殆尽，但《孟子·滕文公上》记载了农家与孟子之间的论争。由此可知，从楚国搬到滕国的许行是农家的领导者，其党徒数十人“皆衣褐，捆屦、织席以为食”（《孟子·滕文公上》），穿着朴素，以做草鞋、草席为生。

陈相原本是宋国的儒者，但遇到许行的思想以后，他马上为其倾倒，舍弃儒学，与弟弟陈辛背着锄头来到了许行所在的魏国。后来，陈相在魏国与孟子见面时向其讲述了许行之言：“贤者与民并耕而食，饔飧而治”（同上），向主张应彰显社会身份差别的孟子挑起论战。

也就是说，天下皆农的主张（顺带一提，安藤昌益的《自然真营道》中天下直耕的主张是盗用了许行言论作为自己的创见）认为，统治阶级的人也应该与普通农民一样，自己种地，自己做饭，同时主持行政，自己不种地而依赖农民的收获生活是错误的。

因为关于他们的资料已经遗失殆尽，所以无法判明其详细思想内容。但从“从许子之道，则市贾不贰，国中无伪，虽使五尺之童适市，莫之或欺。布帛长短同则贾相若，麻缕丝絮轻重同则贾相若，五谷多寡同则贾相若，屦大小同则贾相若”（同上）的主张可以推测，农家的目标是通过天下皆农 —— 否定分工和物价统制 —— 否定商品价格随质量不同而不同，阻止社会阶级分化和市场经济发展，实现以农本主义为基础的农村共同体这样一个乌托邦。可以说其立场依然是自行阻止文明发展。

结　语

一、文明与文化

所谓文明，是一个人类为了生活得更加富裕、安全而生产和消费财富的体系。进入文明的保护伞下，人们就能更加富足和安全地生活。想要获得富足与安全这种欲望，几乎是全人类的共性，所以一旦某个地区形成了文明，居住在周边贫困危险地区的人们就会跨越民族、语言、风俗、习惯等差异，进入文明圈。大量来自加勒比海岛屿与墨西哥的、不会说英语的西班牙裔人群涌入美利坚合众国，就是最好的例证。

而所谓文化，是在生产和消费财富时，各群体显示出的习惯。因此，文化就成了区别自己所属群体与他人群体的标识以及隔开自己和他人的屏障。

创业者发行股票，从投资者手中筹措资金。用这笔资金经营公司的经营者，把利润作为红利返还给股东。按照马克斯·韦伯的说法，这就是股份公司的理想类型。

那么世界上的股份公司是否都与理想类型保持一致呢？其实不然。如果公司屋顶上放了一个小型神社，那么我们大概能猜出那是由日本人这一群体创办的股份公司。员工领口上别着公司的徽章，一起做早操，经常去温泉——这是日本的股份公司特有的企业文化，与其他群体创办的股份公司存在些许不同。

对大豆这种谷物，日本人会把它加工成豆腐、纳豆、味噌、酱油等，可以说这也是日本人这一群体显示出来的消费习惯。同样，不同的群体在小麦、玉米的消费方式上也多少有些不同。这就是饮食文化的差异。

如此看来，文明与文化可以说是两种相反的矢量。比如罗马帝国和奥斯曼土耳其帝国这种巨大的文明，就能够超越不同人群之间的文化障壁,把各种各样的集团吸收到它的伞下。当然，一旦文明瓦解、失去了财富和安全，共同生活的利益也就消失殆尽，这时各个群体又会强调各自的文化差异并寻求自立。

虽说文明与文化的矢量相反，但巨大的文明在形成并影响到周边地区的时候，形成该文明的人群所固有的文化就会与文明融为一体，所以文化和文明一起流入的情况比较多见。当然大多数情况下，就像日本人一方面接受汉字和律令制，一方面又拒绝了上天信仰、维持了天皇制一样，不是来者不拒，而是有选择地接受。

二、西欧近代文明的优越与自然破坏

回顾过去四五千年来的人类历史，以埃及文明、美索不达米亚文明（Mesopotamia civilization）、印度文明、黄河文明为代表，世界各地区形成了各种各样的文明。这些文明重复着繁荣与衰退，现在地球上存在的，只有18世纪后半叶产业革命后，在西欧构建起来的近代文明一种了。

其最直接的表现，是优劣差距十分明显的军事力量形态。喷气式战斗机、直升机、火箭弹、导弹、野战炮、机关枪、自动步枪、水上舰艇、潜水艇、雷达、核武器等，各国军队装备的武器全都源于西欧近代文明。想要打仗的时候，无论哪个民族、哪种宗教，没有哪一支军队不使用西欧近代文明创造出的武器。

近代西欧构筑起近代科学与科学技术，以此为基础的西欧近代军事拥有压倒性的强大实力，地球上还不存在能够与其对抗或凌驾其上的文明。虽然我们经常能听到文明冲突这种说法，但那实际上只是一种误解，原本就不存在能够与西欧近代文明发生冲突的其他文明。

无论何种偏执的民族主义者或是国粹主义者，都只能在西欧近代文明的框架内行动，别无选择余地。不管是哪种狂热的伊斯兰过激派，战斗时依然要使用反坦克火箭筒、塑胶炸弹、迫击炮、自动步枪等，任何地方都找不到他们自己特有的武器。

相信“神州不灭”并为之战斗的第二次世界大战中的日军

图 37 莱特兄弟（Wright Brothers）第一次试飞成功的莱特飞行者

飞行员，操作的也是莱特兄弟（Wright Brothers）发明的用汽油发动机转动螺旋桨的飞机（图 37）。受“大和魂”鼓舞的水兵乘坐的，也是以富尔顿发明的蒸汽船为原型、用锅炉煮重油来转动涡轮的军舰（图 38）。坦克上画的是太阳旗还是阿拉伯语标记，只不过是文化上的差异，坦克的构造本身并没有不同。

就这样，汲取了西欧近代文明之流的现代文明席卷了整个世界。现代文明的急剧发展与文明圈的迅速扩大破坏了自然的生态系统，会否进而威胁到人类自身的生存？关于现代环境问题的讨论正是在这种担心的语境中进行的。该如何思考文明、自然与人类的关系？这一问题意识原本就只会出现在文明得以高度发展并展露出其阴暗面的地区。发展出黄河文明的古代中国就是这样一个地区。

图 38 英国维克斯公司（Vickers）建造的日本海军战舰金刚

三、儒家、墨家、道家的文明观

因此，统称为诸子百家的中国古代思想家对文明、自然与人类的关系进行了各种各样的思索。本书从中选取了儒家、墨家和道家并对其思考方法进行了介绍。

本书最先介绍的儒家认为，社会身份的高低应与其财富消耗量成正比，统治阶级拥有装饰豪华的府邸、车马、衣服、器物等以显示身份的差异，如此才能维持文明社会的礼制秩序。在此基础上，儒家认为王侯贵族使用豪华装饰所必需的资源十分充足，自然界能够提供的物资绰绰有余。这既是一种对自然的漠不关心，反过来说，也是对自然与人类关系的乐观主义。说到底，儒家的立场是全面肯定文明的高度发展。

在这个问题上，墨家认为人类能够从自然界提取出的绝对财富总量是不足的，甚至连能否保证全体人类的生存都值得怀疑，所以他们主张只重实用以节约财富、勤勉劳动以增加财富。墨家几乎和儒家一样对自然漠不关心，之所以主张财富总量不足，也是因为现实中贫苦大众大量饿死、冻死，而不是在对自然界结构进行分析后推导出来的。这里与儒家相反的是，对自然的漠不关心反过来变成了悲观主义。墨家还从文明社会应该被维持的立场上认为必须节约并增加财富。

道家提出了完全不同于儒家和墨家的想法。儒家、墨家的历史观几乎都是从文明的反省开始说起。无论如何追溯，最多也只是追溯到人类的诞生。这是因为儒家、墨家的关心集中在维持文明社会上。

与此相反，《老子》《太一生水》《恒先》等道家思想从宇宙生成开始谈起。因此在道家的历史观里，人类的诞生、文明的发生都是在宇宙诞生很久之后才有的。后出现的人类和文明在与先出现的天地和万物的对比中经常被相对化，而不像在儒家、墨家那里被赋予至高的价值。道家认为处在宇宙主宰者位置上的存在，不是上天、上帝这种以人为模型的人格神，而是“道”“太一”“恒”等半物质性的存在。对于文明的发展持批判态度，大概也缘于此。

《庄子》中原本就没有宇宙主宰者这种想法，因此不同于《老子》《太一生水》《恒先》等作品，没有宇宙生成论这一说。世界虽然被看作已经存在的物体，但在受到《老子》强烈影响的外、杂篇中，通过与太古世界的比较，文明社会遭到了彻底的相对化和批判。其中应该也有庄周思想的影响，他否定了把相对判断改为绝对判断这种思考，采取了一切相对化的立场。

四、古代中国文明观的现代意义

那么我们在思考现代环境问题的时候，可以从儒家、墨家、道家提出的思想中获得哪些启发呢？儒家提出的思考方法其实也为现代资本主义经济体系所继承，只不过其中基于封建制度的礼制等要素被抽象化，换了一种形式而已。有能力的人获得更多的收入，生活富足；没有能力的人只好甘于低收入，过着贫困的生活。尽管谁都可以自由地创业，但成功与否取决于个人的才智与运气。这就是自由主义经济的基本构想。

按照这种方式来思考的话，结论就是获得更多收入、生活富足的人都拥有丰富的才能、在社会中处于领导地位。只看这种逻辑的表面，会让人产生住大房子的人比住四叠半公寓的人伟大、开排气量 3 000 立方厘米车子的人比开排气量 1 500 立方厘米车子的人伟大、一身名牌的人比不是这样的人要伟大等本末倒置的错觉。这样就会形成一种评价人物的标准：赚得多、消费更多的人是优秀的人，而赚得少、消费少的人则不是优秀的人。

结果，这意味着与儒家相似相近的思考方式也根深蒂固地存在于现代自由主义经济体系中。一旦这种人物评价标准束缚了人的意识，大部分人就会为了让别人承认自己优秀并获得能够向他人炫耀的立场而争相消耗更多的财富。资本主义经济体系追求的是消费量的不断扩大和经济的持续增长，所以这种消费扩大与经济向上相结合的价值观就成了非常受欢迎的思考方式。

然而，如果任由这种价值观和生存方式继续下去，我们能够维持现代文明吗？在儒家形成上述思想的时代里，像今天这样的环境问题并不明显，资源枯竭等问题也不如今天这般显著。所以儒家可以不关心自然界的结构，对文明、自然与人类的关系保持乐观主义的立场。

由此出现的是开发更加有效率的技术，在解决环保和资源枯竭问题的同时，以维持现代文明体系的动向。如果通过科学技术的进步能够逐个解决难题，我们就能够在不改变以往价值观和生存方式的情况下继续享受文明的恩惠。

仅凭科学技术的进步，就能在不改变过去生活方式的情况下维持现代文明，这种想法是否过于乐观？这一疑问也随之而来。我们应该反省过去的做法，改正以浪费为傲的生活方式，节约财富，为自然界减负，过朴素的生活——这种思考方式也自然出现了。这种情况下，墨家思想或许能提供一种范本。

即便不像战国时代的墨者那样，在救世精神的鼓舞下，“日夜不休，以自苦为极”，投身于重体力劳动，“生不歌，死无服”

地践行节俭，但不向别人显摆无用的奢侈、尽量过简朴的生活、勤勉劳动这种生活方式应该能够获得大多数人的共识。

在这种情况下，评价人物的标准就变成为社会全体做了多少贡献、节省了多少财富、为财富增加做出了多少努力等。当然人们必须改变以往的生活方式。但是如果不像蝈蝈那般歌唱，而只是像蚂蚁那样一味勤勉劳动的话，或许就会像《庄子·天下》所批评的“其行难为”那样，变成了没有滋润的、乏味的生活方式，因而得不到人们的赞同。

那么，像道家那样，拒绝文明、与自然一同生活又如何呢？被自然包围的生活本身虽然让人感到有魅力，但是，让经历了城市生活的人现在再去信仰照叶林中的精灵、在多神教世界的包围之下生活，恐怕也是不可能的。《庄子 · 外篇》《老子》把太古世界描绘成世外桃源，但其实存在第一章讲述的环境问题，不禁令人怀疑那或许并不如传说的那样是一个牧歌般的世界。

如果按照道家的方式生活，则需要做好这种心理准备：会遭受自然灾害侵袭，会因无法接受高水平的医疗而殒命，会因被要求与共同体中的他人配合而感到烦恼，即便如此，也还是得认为这样生活比受文明侵害而心灵受伤、精神崩溃要好。

在这种情况下，人们就不能把人生的价值寄托在物质的繁荣和感官的快乐上，而是寄托在灵魂的安宁上。然而对大多数人而言，满足物质的欲望、享受感官的快乐，这种幸福是比较好理解的；以禁欲为代价换来的灵魂安宁 —— 能感受到这种幸福的只有少数例外的人。

当然，无论是儒家、墨家还是道家，都各有优劣，并非单纯地选择其一就能解决问题。因此本书也并非给文明、自然与人类关系中的难题开出有效的处方。笔者只是希望，通过介绍中国古代思想家提出的三种模式，为思考这一问题提供一些参考。

年代简表

西　历	事　项
公元前 2500 年—公元前 2000 年	龙山文化（新石器时代，城市聚落出现）
公元前 2000 年—公元前 1600 年	二里头文化（青铜器时代之始，推定为夏朝）
公元前 1600 年—公元前 1100 年	殷朝（文明化与自然破坏的开始，使用甲骨文）
公元前 1100 年—公元前 771 年	西周（城市文明繁荣，《书经》《诗经》之一成形）
公元前 770 年—公元前 404 年	东周、春秋（后期有齐国的晏婴、孔子、墨子等人活动。《老子》《太一生水》《恒先》等道家思想也在春秋末期至战国前期形成）
公元前 403 年—公元前 343 年	东周、战国前期（钜子孟胜、吴起、申不害等人活动）
公元前 342 年—公元前 282 年	东周、战国中期（孟子、庄子、慎到、商鞅、尹文子等人活动）
公元前 281 年—公元前 221 年	东周、战国后期（公孙龙、荀子、韩非子等人活动）
公元前 221 年—公元前 206 年	秦朝（焚书，统一文字，镇压诸子百家）
公元前 206 年—公元前 202 年	楚汉相争（项羽与刘邦争夺霸权）
公元前 202 年—公元 7 年	西汉（武帝时编纂《淮南子》）

后　记

2003年4月，东北大学大学院成立了环境科学研究科。笔者作为国际环境、地域环境学讲座的一员，隶属于这一新成立的研究科，负责东亚思想论。虽然原本就对文明论有兴趣，但笔者的专业是中国思想史，所以习惯于以追溯时代的方式建构思想史的潮流，并从这种视角来进行思考。

因此，笔者借隶属于环境科学研究科之机，以稍微脱离以往思想史的手法，对古代中国文明进行思考，并写了这本书。虽然本书讨论的完全是古代中国的文明论争，但环境科学原本就是研究气候变暖、沙漠化、大气污染、热带雨林的消失、生物多样性的消失、人口爆炸、资源枯竭等环境问题对策的学问。因此，笔者亦希望将来能够直接讨论环境问题。

本书作为该研究课题的前期准备，将古代中国思想家面对黄河文明的发展、对自然与文明关系的思考，作为先例进行了介绍。当然，古代黄河文明与现代文明对自然的破坏力存在云泥之别，他们的思考是在比现在要从容得多的情况下进行的。所以，即便其中包含了许多见解，但也并非选择一样就能马上解决问题。在比过去严峻得多的情况中，该如何思考自然与文明的问题和环境问题？作为环境科学研究科的一员，笔者希望提出自己的一些见解。

2005年1月20日
浅野裕一

图书在版编目（CIP）数据

古代中国的文明观 /（日）浅野裕一著；高莹莹译
. -- 北京：新星出版社，2019.11（2020.10 重印）
ISBN 978-7-5133-2577-6

Ⅰ. ①古… Ⅱ. ①浅… ②高… Ⅲ. ①思想史－研究－中国－古代 Ⅳ. ①B215

中国版本图书馆 CIP 数据核字（2019）第 188715 号

古代中国的文明观
[日] 浅野裕一 著
高莹莹 译

责任编辑 汪 欣
特约编辑 高 云
装帧设计 周伟伟
内文制作 李 娜 贺 彪
责任印制 史广宜

出　　版 新星出版社 www.newstarpress.com
出 版 人 马汝军
社　　址 北京市西城区车公庄大街丙 3 号楼 邮编 100044
电话（010）88310888 传真（010）65270449
发　　行 新经典发行有限公司
电话（010）68423599 邮箱 editor@readinglife.com
印　　刷 山东韵杰文化科技有限公司
开　　本 787 毫米 ×1092 毫米 1/32
印　　张 5.5
字　　数 104 千字
版　　次 2019 年 11 月第 1 版
印　　次 2020 年 10 月第 2 次印刷
书　　号 ISBN 978-7-5133-2577-6
定　　价 45.00 元

KODAI CHUGOKU NO BUNMEIKAN: JUKA, BOKUKA, DOKA NO RONSO
by Yuichi Asano

First pub1ished 2005 by Iwanami Shoten, Pub1ishers, Tokyo.
This simplified Chinese edition published 2019
by ThinKingdom Media Group, Limited, Beijing
by arrangement with the proprietor c/o Iwanami Shoten, Publishers, Tokyo

著作版权合同登记号：01–2019–1614